LES FASTES DE L'EGLISE

L. LE LEU

L'ENFANT

du

Tonnerre

H. & L. CASTERMAN
ÉDITEURS

L'ENFANT
DU TONNERRE

N° 3 des Fastes de l'Eglise

Retournez à Rome dire au Sénat que ce Jésus, qui a été tué en Judée,
sera par mon ordre mis au nombre des dieux de l'empire. (P. 24.)

L'ENFANT
DU
TONNERRE

PAR

L. Le Leu

H. & L. CASTERMAN
ÉDITEURS PONTIFICAUX

Paris, Rue Bonaparte, 66 — Tournai (Belgique)

SOMMAIRE HISTORIQUE DU VOLUME

Tibère à Caprée. — Saul quitte Tarse pour Jérusalem où il vient étudier avec saint Etienne auprès de Gamaliel. — La descente du Saint-Esprit (33.) — Prédication des apôtres. — Haine de Saul contre saint Etienne et l'Eglise naissante. — Pierre et Jean devant le sanhédrin. — Gamaliel protecteur du christianisme naissant. — Saint Etienne premier diacre et premier martyr (33.) — Saul persécuteur des saints. — Dispersion des fidèles. — Les apôtres restent. — Simon, le faux Messie de Samarie. — Saul part à Damas. — Sa conversion (34.) — Sa prédication. — Mort de Caïphe, d'Anne, de Ponce Pilate, d'Hérode, de Tibère. — Avènement de Caligula (37.) — Le symbole des apôtres et leur dispersion (44.)

AVANT-PROPOS

Chers Lecteurs,

Si vous avez lu les deux premiers volumes de cette collection,[1] vous y avez vu, dans le premier, s'épanouir la Fleur mystique de Jessé et l'Esprit du Seigneur se reposer sur le lys sorti de la tige issue de sa racine, en un mot, la promesse d'un Sauveur accomplie et réalisée dans la personne de Jésus, Fils de Dieu et Enfant de Marie, la Vierge immaculée et sainte ; dans le second, vous avez assisté au drame miraculeux et tragique de la Rédemption et vous avez vu Notre-Seigneur Jésus-Christ jeter les fondements de la future Eglise appelée à faire la conquête pacifique du monde et à réaliser dans les siècles des siècles l'œuvre merveilleuse du salut en Dieu par les mérites divins de Jésus.

Ici vous verrez les premiers pas humainement chancelants, mais divinement intrépides et saintement victorieux de la nouvelle Eglise. Or, pour vous donner une idée précise

---

(1) Premier volume : *La Promesse Accomplie.*
Deuxième volume : *Rédemption.*

de ce qu'est et sera l'Eglise chrétienne dans la succession des âges, je vous prierai de vous pénétrer des lignes suivantes dans lesquelles le bon Lhomond, connu de vous tous, en a donné l'idée la meilleure et la plus exacte.

« L'Eglise est cette société que JÉSUS-CHRIST a établie pour donner la naissance spirituelle aux enfants de Dieu, pour faire croître dans la vertu et former dans la sainteté ceux qui doivent un jour remplir le Ciel. Comme l'exécution de ce dessein embrasse tous les siècles, il faut que l'Eglise subsiste sans aucune interruption jusqu'à la fin du monde ; il faut qu'elle soit toujours visible, pure dans sa foi et dans sa morale ; il faut qu'elle ait toujours des saints, que la charité n'y meure jamais. »

« La race des chrétiens, dit saint Bernard, ne doit pas cesser un moment, ni la foi sur la terre, ni la charité dans l'Eglise : car Jésus-Christ a sanctifié tous les siècles. »

Cependant, il a été prédit que l'Eglise serait persécutée par les puissances de la terre, déchirée par les hérésies et les schismes, qu'il y aurait des scandales dans son sein et que l'ivraie y croîtrait avec le froment. Il est visible qu'étant ainsi attaquée de toutes parts, elle ne pouvait pas plus subsister qu'elle n'avait pu s'établir sans le secours d'une main toute-puissante.

Aussi son divin auteur lui a-t-il promis d'être avec elle tous les jours, c'est-à-dire de l'assister de sa protection continuelle et invisible jusqu'à la consommation des siècles.

Née au milieu des miracles, elle ne s'est soutenue que par un miracle perpétuel : il a fallu que Dieu la fit triompher de tous les obstacles que les hommes n'ont cessé d'opposer à sa conservation. Sans la protection divine :

1° Elle aurait dû périr sous le glaive des persécuteurs

qui, pendant trois cents ans, se sont efforcés de l'étouffer dans son berceau. Mais les persécutions, au lieu de la détruire, n'ont servi qu'à l'étendre et à la multiplier. Dieu a inspiré à une foule de héros un courage et une patience bien supérieurs à notre faible nature, et l'admiration qu'ils excitaient a converti leurs bourreaux eux-mêmes.

2° Elle aurait dû périr par les efforts des hérétiques, qui ont successivement attaqué les différents dogmes de sa foi. Mais leurs efforts, souvent appuyés de toute la puissance des empereurs et des rois, loin d'altérer la foi, n'ont servi qu'à la mettre dans un plus grand jour et à l'affermir davantage. Dieu a suscité une foule de saints docteurs, pour confondre chaque erreur aussitôt qu'elle paraissait; il a facilité la ténue des conciles où la nouveauté était solennellement proscrite et où la vérité était consacrée par des décisions authentiques et attachées à des expressions précises qui écartaient toute équivoque et tout subterfuge.

3° L'Eglise aurait dû périr par le relâchement qui s'est introduit dans certains temps parmi ses enfants et même parmi ses ministres. Mais, malgré les vices et les désordres qui ont plus d'une fois abondé dans son sein, l'autorité des pasteurs à toujours été reconnue, sa morale est toujours restée pure, sa discipline toujours sainte, son enseignement toujours irrépréhensible.

Elle n'a cessé d'opposer aux relâchements et aux vices les saintes règles de l'Évangile; elle n'a cessé de former des chrétiens parfaits dont l'éminente sainteté réclamait contre les désordres, condamnait hautement tous les vices et offrait aux regards de l'univers les modèles de toutes les vertus.

Cette victoire constante et perpétuelle que l'Église a remportée sur les tyrans, sur les hérésies, sur les vices, est un miracle frappant de la toute-puissance de Dieu. Les fleuves ont débordé, les vents ont soufflé et sont venus fondre sur elle, mais elle n'est point tombée, parce qu'elle était fondée sur la pierre qui est Jésus-Christ et sur sa promesse inviolable. Qu'elle est belle, qu'elle est respectable cette Église qui porte dans sa durée comme dans son origine, des caractères sensibles de divinité. Quoi de plus admirable qu'une société d'hommes qui, seule, dans la vicissitude continuelle des choses humaines ne change jamais, qui, tandis que tout passe et périt autour d'elle, reste immobile et inébranlable comme un rocher au milieu des flots, toujours Une, toujours Sainte, toujours Catholique, toujours Apostolique, c'est-à-dire qu'elle conserve sans interruption tous ses caractères et tous ses avantages au milieu des plus violentes tempêtes. C'est l'accomplissement de cette parole de son divin auteur : « *Toute puissance m'a été donnée.... Allez, enseignez toutes les nations.... Voici que je suis avec vous tous les jours jusqu'à la consommation des siècles.* » Il ne fallait rien moins qu'un appui tout-puissant, pour garantir l'Église de l'instabilité attachée à toutes les choses de la terre, une main divine pour construire un édifice immortel que nulle force, nulle tempête, ne pût abattre ni même ébranler; qui, loin de s'affaiblir, s'affermît et se fortifiât par les efforts même que l'on ferait pour le renverser.

« Non, il n'y a rien de plus grand, dit l'illustre Bossuet, il n'y a rien de plus divin dans la personne de Jésus-Christ, que d'avoir prédit, d'un côté, que l'Église ne cesserait d'être attaquée, ou par les persécutions de tout l'univers, ou par les schismes et les hérésies qui s'élèveraient tous les jours, ou par le refroidissement de la charité qui amènerait le relâchement de la discipline; et de l'autre, d'avoir promis que, malgré tous ces obstacles, nulle force n'empêcherait cette Église de vivre toujours, d'avoir toujours des pasteurs qui se laisseraient les uns aux autres, de main en main, l'autorité de Jésus-Christ et avec elle la sainte doctrine et les sacrements. Aucun auteur de nouvelle secte n'a osé dire seulement, ni ce qu'il deviendrait lui-même, ni ce que deviendrait la société qu'il établissait : Jésus-Christ a été le seul qui s'est expliqué en termes clairs et précis, non seulement sur les circonstances de sa passion et de sa mort, mais encore sur les combats et les victoires de son Église.

« *Je vous ai établis,* dit-il à ses apôtres, *afin que vous alliez et que vous portiez du fruit, et que votre fruit demeure.* » Et comment demeurera-t-il? Il n'hésite pas à le déclarer, et il annonce de la manière la plus expresse, une durée sans interruption et sans autre fin que celle de l'univers. C'est tout ce qu'il promet à l'ouvrage de douze pêcheurs. Et voilà le sceau manifeste de la vérité de sa parole. On est affermi dans la foi des choses passées en remarquant comme il a vu clair dans un si long avenir.

» Deux choses affermissent notre foi, les miracles de Jésus-Christ à la vue des Apôtres et de tout le peuple avec l'accomplissement visible de ses prédictions et de ses promesses. Les Apôtres n'ont vu que la première de ces deux choses et nous ne voyons que la seconde ; mais on ne pouvait refuser à Celui qui l'envoyait faire de si grands prodiges de croire à la vérité de ses prédictions, comme on ne peut refuser à celui qui accomplit si visiblement les merveilles qu'il a promises, de croire qu'il a été capable d'opérer les plus grands miracles. Ainsi, dit saint Augustin, notre foi est affermie des deux côtés : ni les Apôtres ni nous ne pouvons douter : Ce qu'ils ont vu dans la source les a assurés de toute la suite ; ce que nous voyons dans la suite nous assure de ce qu'ils ont vu et admiré dans la source. »

» Ainsi, ajoute Bossuet, outre l'avantage qu'a l'Église de Jésus-Christ, d'être seule fondée sur des faits miraculeux et divins qu'on a décrits hautement et sans crainte d'être démenti dans les temps où ils sont arrivés, voici, en faveur de ceux qui n'ont pas vécu dans ces temps, un miracle toujours subsistant qui confirme la vérité de tous les autres : c'est la suite de la religion, toujours victorieuse des efforts qu'on a faits pour la détruire. »

« Quelle consolation pour les enfants de Dieu, quelle conviction de la vérité, quand ils voient la succession ininterrompue des papes depuis saint Pierre, établi Prince des Apôtres par Jésus-Christ même ; d'où, en reprenant les pontifes qui ont servi sous la Loi, on va jusqu'à Aaron et Moïse et de là jusqu'aux patriarches et jusqu'à l'origine du monde ! Quelle suite ! Quelle tradition ! Quel enchaînement merveilleux ! Si notre esprit, naturellement incertain et devenu par ses incertitudes le jouet de ses propres raisonnements, a besoin dans les questions où il y va du salut d'être fixé et déterminé par quelqu'autorité certaine, quelle plus grande autorité que celle de l'Église catholique, qui réunit en elle-même toute l'autorité des siècles passés et les anciennes traditions du genre humain jusqu'à sa première origine, qui se justifie elle-même par sa propre suite et porte dans son éternelle durée le caractère de la main de Dieu. »

L'ENFANT
DU TONNERRE

PREMIÈRE PARTIE

LE VENT DU CIEL

I

LE TIGRE ET SON ANTRE.

Le Calvaire sépare désormais les deux versants de l'histoire du genre humain, et la Croix, éternelle étoile, resplendit à jamais comme un phare éclatant sur l'humanité, dont les flots troublés vont s'éclairer à ses rayons et se purifier à ses pieds.

Depuis la naissance du monde jusqu'à Jésus-Christ, la société nous présente le spectacle d'un esclavage qui la ronge comme une lèpre immonde, dans l'oppression du fort contre le faible, l'inégalité de l'homme et de la femme; toutes les hontes, toutes les turpitudes, toutes les violences, toutes les infamies, se partagent l'empire du monde.

Mais la Croix s'est élevée, la Rédemption humaine est consommée, la Victime divine a donné l'exemple du plus pur amour et du plus complet sacrifice, et la Révélation nouvelle va répandre ses bienfaits et, sinon transformer Satan malgré lui, du moins travailler avec ardeur à combattre ses poisons et à former les Saints.

Le monde moderne n'a donc pas d'autre source pour son histoire que le pied de la Croix, et nous verrons avec admiration comment ce mince filet d'eau vive va grandir au point de devenir un grand fleuve, dont les innombrables canaux vont vivifier toutes les artères de la vie humaine.

Rien n'est moins obscur que la venue du Christianisme dans le monde. Loin d'arriver comme un voleur, il vient comme un conquérant en plein soleil, au milieu de toutes les lumières, au plus haut période de la grandeur latine et de la civilisation romaine; et ce n'est pas aux paysans qu'il s'adresse, tout d'abord, pour triompher sans péril des âmes simples et crédules; ceux qu'il attaque en face, ce sont les vainqueurs même du monde, c'est la vieille civilisation de la Judée, de l'Égypte, de la Grèce et de l'Italie; c'est sur les champs stériles de la philosophie humaine qu'il fait éclater le tonnerre de la philosophie divine, c'est sur l'océan boueux de l'immoralité latine qu'il fait souffler l'haleine parfumée des Saints, c'est sur l'obscur cahos de la multiplicité des dieux matériels et impurs, qu'il fait resplendir la pure subtilité du Dieu Unique, Créateur, Rédempteur et Vivificateur.

Le règne d'Auguste, héritier de César, était achevé, laissant la plus haute impression de gloire et d'illustration à l'empire romain, asile des arts, terre des lettres, foyer du génie, vaste temple des muses dont l'immense étendue était bornée au nord par le Rhin et le Danube, à l'orient par l'Euphrate, au midi par la Haute-Egypte, les déserts de l'Afrique et le mont Atlas, à l'occident par les mers d'Espagne et des Gaules, avec vingt-cinq légions pour le défendre et lui annexer des conquêtes nouvelles.[1]

(1) Chaque légion comprenait douze mille cinq cents hommes, moitié romains moitié étrangers. L'Etat était donc défendu par trois à quatre cent mille hommes. (Tacite, Dion, Suetone, Tite-Live.)

Seize légions bordaient le Rhin et le Danube; deux étaient gardiennes de la Dacie, trois de la Mœsie, quatre de la Pannonie, une de la Norique, une de la Rhétie, trois dans la haute et deux dans la basse Germanie; trois dans la Bretagne, six en Syrie et deux en Cappadoce. Une légion maintenait la paix en Egypte, en Afrique et en Espagne.

Quant à l'Italie proprement dite, seize mille hommes des cohortes de la ville et des gardes prétoriennes y protégeaient le double monument de la liberté et de la servitude, le Capitole et le palais des Césars.[1]

Trois flottes, la première à Ravenne, la seconde à Misène, la troisième à Fréjus, veillaient à la sûreté de la Méditerranée orientale et occidentale; une quatrième commandait l'Océan entre la Bretagne et les Gaules; une cinquième couvrait le pont Euxin, et des barques armées gardaient le Rhin et le Danube,[2] sans préjudice des levées de boucliers extraordinaires, en cas de danger, et dont le peuple était averti par deux drapeaux, l'un rouge et l'autre bleu, arborés au Capitole, le premier pour rassembler les fantassins, le second pour les cavaliers; et tout romain était, en ce cas, réputé soldat.

Auguste, au milieu des splendeurs de son empire et du rayonnement de sa cour n'avait pas connu les merveilles qui s'étaient déroulées en Galilée sous son douzième consulat.

Attentif à surveiller les barbares dont l'invasion était imminente, rien ne lui avait fait savoir que, dans une grotte abandonnée, était né un faible enfant et que, de ce jour, une ère nouvelle arrêtait pour toujours une ère ancienne et changeait la chronologie du monde en l'appuyant sur des bases nouvelles.

L'an 14 de Jésus-Christ, à un grand homme libéral

(1) Chateaubriand. — *Chute de l'Empire Romain.*
(2) Tacite, ann. LXIII, chap. XXX. Suetone, *Hist. Rom.*, vol. 2 et 3.

succédait un monstre et un tyran, premier anneau d'une longue chaîne de criminels couronnés, Tibérius Claudius Nero, fils adoptif d'Auguste qui l'avait fait élever avec soin et l'avait successivement investi de charges militaires importantes, puis lui avait fait épouser sa fille Julie et, après la mort de Caïus et de Lucius ses héritiers naturels, l'avait désigné pour sa succession au trône, ardent objet des convoitises de l'ambitieux Tibérius qui dissimulait son désir au point que le sénat dut le supplier d'accepter l'empire.

Comprenant le poids du fardeau que lui laissait Auguste en mourant, Tibérius l'ivrogne, avait inauguré par la modération un des règnes les plus odieux de l'histoire, non sans toutefois commencer par un crime, car il fit égorger en secret le jeune Agrippa, fils posthume du gendre d'Auguste, déjà exilé de la cour par les soins de Livie, mère du nouvel empereur et femme de Tibérius Nero, grand pontife, tous deux de l'illustre famille Appienne que cette femme astucieuse avait déshonorée en répudiant son mari craintif et lâche, pour épouser Octave, alors triumvir et depuis, César.

Mais sa modération ne fut pas de longue durée. Tibérius se révéla bientôt un sanguinaire calculateur, juge arbitraire en dehors de tout arbitrage juridique, ami des délations les plus lâches et faisant tomber sous la hâche du licteur toute tête qui lui portait ombrage.

Bientôt, Rome effrayée apprenait tout ce qu'elle devait craindre de lui, tandis qu'Agrippine en pleurs y rapportait pour les placer dans le mausolée d'Auguste les cendres de Germanicus, empoisonné par l'ordre de l'empereur dont il était le neveu et le fils adoptif.

De ce jour, rien ne retint plus le monstre et sa férocité ne connut plus de limites.

Fléau de Rome et opprobre de l'univers, exécré par tous, telle est la terreur qu'il inspire que ses forfaits les plus inouïs sont applaudis par le sénat qui rend, à chaque coup de la hâche du bourreau, grâces aux dieux qui ont sauvé l'empire et l'empereur d'un nouvel ennemi de César.

A cette période de sa vie, Tibérius est vieux, le sang versé submerge son audace et l'affole à la seule pensée des vengeances possibles de ce peuple romain auquel il souhaiterait ne voir qu'une tête pour pouvoir l'abattre d'un seul coup; agonisant de lèpre et rongé de turpitudes, César est à Caprée, île superbe qui s'élève dans le beau golfe de Naples, en forme d'amphithéâtre et dans une direction parallèle à celle de la côte, ainsi nommée des nombreux troupeaux de chèvres qui broutaient l'herbe de ses rochers escarpés.

Peuplée jadis par une colonie de Samos, ses premiers habitants s'appelaient Théléboï et y faisaient fleurir les jeux gymniques de la Grèce.

Séduit par leurs grâces et le pittoresque de leurs rochers, Auguste avait acheté leur île, y avait bâti des édifices et permis aux Grecs et aux Romains de s'y perfectionner dans les gymnases athlétiques. Mais la célébrité de Caprée date de Tibérius qui en acheva l'illustration dans l'horreur.

Il bouleversa la face de l'île qui lui convenait, comme un repaire d'un difficile accès à ses ennemis, tant à cause des nombreux écueils qui l'environnent, que parce que nul navire ne peut y aborder sans être aperçu des hauteurs de ses rochers.

Pas très loin du continent, ayant Naples devant ses yeux, dans un air pur et sain, au milieu de campagnes délicieuses et de paysages ravissants, nulle villégiature ne pouvait mieux convenir à cet ermite du crime, du soupçon farouche et de la débauche honteuse.

Aussi s'était-il empressé d'y faire édifier un palais fortifié, au milieu de douze villas entourées de jardins, peuplées de statues et ornées de grottes et de bains luxueux.

Un phare construit sur la hauteur, projetait sur les flots de la Méditerranée ses feux constamment allumés, et sur le regard inquisiteur de ses gardiens, responsables sur leur tête de la sûreté de César.

Mais ce qu'il y avait de plus célèbre dans la splendide tanière de ce tigre à face humaine, ce n'était pas l'enchantement de ces jardins, les terrasses de marbre ornées de vases précieux, les colonnades où la figure du maître se multipliait parmi les arcades dans toutes les grandeurs et toutes les attitudes de la statuaire, pas même les cent chambres taillées dans le roc vif, ni la grotte Mithramania réservée aux mystères de la bonne déesse Isis, ni les appartements de l'empereur où la pourpre et la soie s'étalaient en coussins et en courtines, décoraient les lits d'ivoire et les selles de bronze, garnissaient les curules de marbre ou ensanglantaient les mosaïques précieuses du pavé, pas même ces tableaux célèbres dans tout le monde romain et pour lesquels le hideux tyran avait payé des sommes fabuleuses, tribut de l'oppression de dix mille provinces.

C'était la fameuse terrasse supérieure du rocher si justement redoutée de tout l'empire.

Elle affectait la forme d'un hémicycle de basilique, ouvert aux deux bouts, dans le vide, sur un abîme de cent coudées qui surplombait abruptement la mer. Une balustrade roulante la clôturait en temps ordinaire. En face, une chaise curule étalait ses bras de marbre, c'était le tribunal de César devant lequel la délation érigée en moyen de fortune amenait sans cesse des accusés de lèse-majesté, titre pompeux que l'on donnait libéralement à quiconque était surpris plaignant une victime du monstre, même en secret.

Tibérius prononçait la sentence, toujours la même dans son implacable horreur, la balustrade glissait dans ses rainures, et l'abîme déchirait aux aiguilles de ses rochers, toujours dégouttant de sang nouveau, les quotidiens clients du tribunal de César.

Tels étaient, en l'an trente-trois, le maître du monde et le

Pierre, alors, se tenant au milieu des onze apôtres,
éleva la voix et dit à la foule... (P. 48.)

repaire du tigre romain plus sauvage que la louve de Romulus.

. . . .

Macro, favori de Tibérius, au lieu et place de Séjan, immolé par son maître farouche, s'approcha humblement de l'empereur, attendant ses ordres.

César paraissait méditer ; le soleil était en son midi et le vin de la veille était cuvé par l'impérial ivrogne.

— Eh bien ! Macro, demanda-t-il, qu'est-ce que le Sénat pense de ma proposition ? Si la relation qui m'a été envoyée par Pontius Pilatus, procurateur de la Judée, sur cet homme extraordinaire, nommé Jésus, est exacte, je ne pourrais que gagner à l'avoir à ma cour. Dieu, s'il l'est, comme il le dit, il pourra nous servir dans nos intérêts privés ; homme, puisqu'il opère des œuvres étonnantes, il nous rendra de grands services dans les affaires publiques. Et puis, dit Tibérius, en considérant l'horrible lèpre qui dévorait son corps, ne pourrait-il pas me guérir ?

— Divin empereur, répondit Macro, le Sénat empressé à te servir humblement, vient d'envoyer à Caprée deux messagers.

— Fais-les donc venir ici, afin que je les interroge.

Macro s'éloigna pour obéir à l'ordre de l'empereur et, bientôt après, il gravissait de nouveau les escaliers des terrasses, conduisant deux romains qui tremblaient sous leur toge à la seule pensée de voir de près la balustrade funèbre qui faisait la terreur de tout l'empire.

Tibérius les regarda fixement sans rien dire. Ceux-ci se prosternèrent devant lui, attendant l'ordre de remplir leur mission.

L'empereur fit un signe de la main et Macro leur dit :

— Envoyés du Sénat, César vous ordonne de parler.

Alors, l'un d'eux, prit la parole :

— Divin empereur, dit-il, le Sénat nous a envoyés vers toi pour te dire que ton illustre désir est l'expression même de la pensée des dieux, mais que, depuis que tu as reçu cette communication du procurateur Pontius Pilatus, des événements se sont passés qui rendent inutile toute recherche. Les faits sont obscurs, mais, d'après des nouvelles fraîches arrivées de Syrie, Jésus est mort en croix à la demande de ses compatriotes, qui l'ont accusé de trahison envers ta divinité et de blasphème contre leur Dieu. Les astronomes affirment, qu'au moment de sa mort, de grandes merveilles ont paru dans le ciel et bouleversé la terre. Les rochers se sont fendus et le soleil a voilé sa face pendant plusieurs heures, quoiqu'il n'y eut coïncidence d'aucune éclipse. Enfin, ses partisans prétendent qu'il est ressuscité et monté au ciel. Mais ce n'est pas tout encore. Comme ces nouvelles parvenaient au Sénat, les *Acta diurna* rapportèrent un fait étrange qui est resté inexpliqué, malgré l'enquête précise qui a été faite à ce sujet.

— Quel est ce fait? demanda l'empereur.

— Nous avons amené le témoin à Caprée, afin que ta divinité l'entende, César.

Tibérius fit un nouveau signe à son favori, et Macro s'éloigna de nouveau pour revenir bientôt, amenant l'homme terrifié de paraître devant César.

— Qui es-tu? demanda Tibérius.

— Divin empereur, je suis Thamus, l'égyptien, répondit-il, pilote de mon état, je viens d'arriver à Rome conduisant un vaisseau portant dans ton sublime empire des passagers et des marchandises.

— Raconte-moi ce qui s'est passé.

— Je te le dirai fidèlement, César; voici : Le soir étant venu, auprès des îles Echinades, le vent cessa tout à coup, et il fallut employer les rames. Mais les courants étant violents à cet endroit, le vaisseau fut entraîné à l'aventure jusqu'auprès de Paxos. Presque tous les passagers veillaient encore et plusieurs même n'avaient pas achevé leur repas lorsque, tout à coup, tout le monde entendit dans la nuit une voix qui appelait Thamus, le pilote, de toutes ses forces. Par deux fois, elle cria son appel, mais, effrayé, je ne répondis pas; alors, une troisième fois, elle cria plus fort encore que les deux premières; sur le conseil des passagers, je répondis en demandant à la voix ce qu'elle voulait de Thamus. C'est alors que ces paroles retentissantes vibrèrent dans l'air calme et aux oreilles de tous : *« Lorsque tu seras arrivé à Palodes, tu annonceras que le Grand Pan est mort! »*

« Quand nous eûmes entendu ces mots, nous fûmes tous saisis de crainte et nous délibérâmes pour savoir s'il fallait obéir ou non à cet ordre inconnu.

» On convint donc de s'en remettre à la volonté du destin, et il fut arrêté que, si le vent soufflait en arrivant devant Palodes, Thamus, l'égyptien, passerait sans rien dire, mais que si l'air était calme, il annoncerait ce qu'il avait entendu.

» Quelque temps après, nous arrivâmes à Palodes et l'air était calme; alors, Thamus l'égyptien, se plaçant sur la poupe du vaisseau cria, selon l'ordre qu'il en avait reçu :

» — Le Grand Pan est mort!

» A peine avait-il achevé ces mots, qu'un immense concert de cris douloureux, de lamentations étonnées et effrayantes, se fit entendre comme criées par une grande multitude.

» Et voilà, divin César, ce que Thamus l'égyptien peut te dire de plus certain sur cet extraordinaire événement dont furent témoins tant de personnes dignes de foi.[1] »

Le front de Tibérius était soucieux et l'on y lisait facilement la déception et l'étonnement.

— Quel est donc ce Pan, dit-il, pour que des voix mystérieuses fassent tant de bruit à cause de lui?

---

(1) Ce fait est rapporté par Plutarque dans son livre sur *la Cessation des Oracles*, XVII. Catherine Emmerich en parle aussi dans ses révélations, I-VII.

— Divin empereur, dit le premier envoyé, toutes sortes de recherches ont déjà été faites à ce sujet par ordre du Sénat, afin de pouvoir répondre à ton désir pressenti ; les savants sont d'avis qu'il n'est autre que le fils de Mercure et de Pénélope, et que cette voix a été un écho des lamentations de l'Olympe, sans doute en deuil de ce dieu en ce moment-là.

— C'est bien, dit Tibérius, retournez à Rome dire au Sénat que ce Jésus, qui a été tué en Judée, sera par mon ordre mis au nombre des dieux de l'empire, et que des sacrifices devront lui être offerts comme aux autres divinités.[1] Quant à vous, regardez cette balustrade....

Les deux envoyés jetèrent les yeux avec terreur sur la mouvante barrière de l'abîme et pensèrent, avec effroi, que tout était fini pour eux.

— Et songez, continua Tibérius, que vous êtes heureux de ne l'avoir point franchie après avoir apporté à Caprée de mauvaises nouvelles à César. Allez!

A demi morts de crainte et d'effroi, ils partirent du lieu maudit, bénissant les dieux de les avoir préservés de l'ivresse du tigre en les conduisant devant César à jeun.

. . . .

Oui, Pan était mort, le Pan de la gentilité frappé au cœur par le Rédempteur triomphant, et les voix mystérieuses et pleines d'angoisses étaient celles des impurs démons dépossédés par le vrai Dieu, de leur ciel usurpé et de leurs autels condamnés justement à la ruine.

. . . .

Mais pendant que ces choses se passaient à Rome et à Caprée, de nouvelles merveilles, vivante opposition à ces horreurs, se préparaient en Judée.

---

(1) C'est Tertullien qui attribue cette pensée à l'empereur Tibère, mais l'opinion générale est que Tertullien a dû être sur ce point induit en erreur. D'ailleurs il appert que cet ordre ne fut jamais exécuté.

II

LE VOILIER DE TARSUS.

Le soleil à son couchant empourprait les flots de la mer
de Cilicie, incendiant de ses reflets sanglants les toits plats
et les blanches façades des maisons et des temples de la
grande et gracieuse ville de Tarsus, située sur un mamelon
à mille pas environ de la grève,[1] capitale de la Cilicie cham-
pêtre, province appartenant à la côte orientale de l'Asie
Mineure, à l'est de la Pamphilie et séparée de la Syrie par
le mont Amanus, à l'embouchure du glacial et impétueux
Cydnus, dans les eaux traîtresses duquel un des plus grands
conquérants du monde avait failli trouver la mort.[2]

Cette ville était alors dans tout l'éclat de sa prospérité et
tous les mythes de la fable s'accordaient pour en illustrer
l'orgueil.

D'après la mythologie, Triptolème l'avait fondée en allant
d'Argos à la recherche d'Io. D'autres en attribuaient l'origine

---

(1) Cinq stades d'après Strabon.

(2) Alexandre-le-Grand qui s'y baigna en sueur. Plus tard, en revenant de la
croisade, l'empereur Frédéric Barberousse s'y noya.

à Persée, d'autres à Sardanapale, d'autres à un descendant direct de Japhet. Selon Strabon, elle aurait dû son origine à une colonie d'Argiens tout simplement.

En tout cas, sa célébrité était grande à cette époque et les titres réels de cette gloire étaient son site enchanteur, sa proximité de la mer, son voisinage de l'île de Chypre, son activité commerciale qui s'étendait au loin et, renouvelant sans cesse en elle les activités les plus diverses de la vie, en avait fait la plus riche, la plus puissante et la plus belle des villes de la Cilicie, un asile distingué des lettres, des arts, des sciences et de la philosophie.

Athènes et Alexandrie avaient en elle une imposante rivale, et Rome, dont elle tenait ses nobles libertés, en avait reçu, en échange, d'illustres professeurs et de glorieux philosophes.

Les juifs y vivaient en grand nombre, comme dans la plupart des autres pays étrangers à la Judée, où ils s'étaient répandus après la dispersion par une permission de Dieu qui avait voulu que, de très loin, son peuple en portant sa foi à travers l'univers, y préparât de longue main le terrain à la Religion future, selon la parole de Tobie.[1]

Cette effusion du peuple juif datait de l'édit de Cyrus, qui leur permettait de revenir dans leur patrie après une longue captivité, pour y restaurer leur Temple et leur nation. Un grand nombre avait préféré rester en Babylonie, former des établissements chez les Perses, les Parthes, les Grecs et même les Romains. Ils avaient pris pied en Égypte, comblés de faveurs par Ptolémée, fils de Lagus; la Phrygie et la Lydie en étaient pleines sous la protection d'Antiochus le Grand, et la persécution d'Antiochus Épiphane ne servit

---

(1) Tobie, XIII. « Il vous a répandus dans la gentilité qui l'ignore afin que vous racontiez sa grandeur et que vous leur enseigniez que Lui seul est le Dieu Tout-Puissant. »

qu'à les pousser vers des régions encore plus lointaines où ils s'établissaient pour toujours avec leurs familles, de sorte que, dans le monde entier, il y avait des juifs acclimatés, voyageurs ou négociants, comme en témoignent saint Pierre et saint Jacques dans leurs épîtres.

C'est ainsi que Tarsus avait sa colonie juive, colonie distinguée et lettrée, formée en grande partie de pharisiens, s'occupant de négoce ou de travaux manuels selon la prescription de la Loi de Moïse.[1]

. . . .

A cette heure de la journée, rafraîchie par la brise de la mer qui chassait les ardeurs du soleil disparu, une grande activité régnait dans la ville.

Ce n'était que voitures circulant dans les rues, litières opulentes se dirigeant vers les villas de la banlieue, empressement dans les temples, au forum et dans les basiliques, mouvement tumultueux de gens de toutes sortes, traitant leurs affaires en plein air à la mode de l'Orient.

Une immense rue, qui existe encore aujourd'hui, partageait en deux la ville et était particulièrement le théâtre du va-et-vient tumultueux de la population qui s'y montrait, s'y promenait ou en visitait les boutiques ouvertes, encombrées des objets de nécessité et de luxe, utiles, nécessaires ou agréables à la vie quotidienne.

Parmi les gens qui, suivant cette rue, se dirigeaient vers la mer, un homme marchait d'un pas pressé sans s'arrêter à aucune des distractions de la route.

Il pouvait avoir de trente à trente-cinq ans environ. Sa personne ne se distinguait pas par des qualités physiques bien remarquables. Sa prestance était peu avantageuse et sa

---

(1) Le Talmud faisait aux juifs une obligation d'apprendre un métier à tous leurs enfants, fussent-ils destinés aux états les plus éloignés des travaux manuels. « Quiconque, dit le Rabbi Juda, n'enseigne pas un métier à son enfant lui enseigne par là même à voler. » Que ne sommes-nous pénétrés nous-mêmes de cette vérité!

taille médiocre ne dépassait pas trois coudées. Légèrement
voûté, sa tête pâle était couronnée de cheveux assez touffus,
frisant naturellement, mais offrant un front large qui tendait
à une précoce calvitie; une barbe épaisse et touffue achevait
d'encadrer ce visage, qui se distinguait pourtant par un nez
assez long et gracieusement arqué et des yeux habituellement
doux et bienveillants, mais perçants comme ceux de l'aigle,
sous des sourcils courbés de bas en haut.[1]

Une ample tunique de lin, serrée à la taille par une ceinture, des sandales attachées au cou de pied par des courroies
de cuir, formaient son vêtement principal. Sur ses épaules
était drapé un manteau de laine blanche, très légère, à large
bordure de pourpre et dont les coins étaient ornés de *ziziths*,
ces houppes violettes ordonnées par la Loi aux juifs, dans le
but de tenir sans cesse sous leurs yeux un symbole qui leur
rappelât leurs devoirs religieux; sa tête était couverte d'une
tiare de lin enroulée en pyramide; mais, si les ziziths de son
manteau indiquaient le juif, le pharisien était manifesté dans
sa personne par plusieurs grands *totaphoth* de parchemin,
couverts de sentences de la Loi, et décorant son turban et
son bras gauche.

Déjà, il avait dépassé le temple de Cérès, lorsque vint à
sa rencontre un jeune homme, dont le costume entièrement
romain établissait entre eux une différence marquée.

— Salut! Saul, dit celui-ci, en s'inclinant courtoisement,
ta santé est-elle toujours bonne? Je rends grâces aux dieux
de t'avoir mis sur mon passage.

— Tu sais, entre nous, mon cher Calamus, répondit le
jeune pharisien, que les dieux auxquels vous rendez grâces

---

(1) C'est ici le portrait de saint Paul comme on le verra par la suite. Nous n'en
possédons que des notions incomplètes d'après Baronius, Nicéphore Callixte et
l'épître II aux Corinthiens. Dans un âge plus avancé, sa figure et celle de saint Pierre
ont été fixées sur une médaille qui est parvenue jusqu'à nous mais n'a pas paru
bien pouvoir établir la certitude complète comparativement aux autres traditions.

sont loin d'avoir ma sympathie; aussi, je prends ton exclamation pour une simple formule banale et, à mon tour, je m'informe auprès de toi de ta santé et de tes affaires.

— Merci pour ma santé qui est bonne, répondit le romain, quant à mes affaires, tu les connais, la fortune m'a départi l'aisance et j'en profite pour passer cette vie le plus agréablement possible; si l'on vous croyait, vous autres juifs et pharisiens, on vivrait sous le sac et la cendre.

— Non pas! protesta Saul, le Seigneur ne défend pas la joie, mais il veut que l'on se réjouisse en Lui et, pour cela, il faut le connaître.

— Peuh! fit le romain, l'as-tu jamais rencontré, toi qui prétends le connaître, mon cher ami? Tu n'as même pas la possibilité de nous le montrer en peinture ou en statue comme nous montrons, nous, les dieux de notre Olympe.

— Images impures et mensongères d'une imagination corrompue! s'écria Saul. Parlons de vos dieux qui ont des oreilles et sont sourds, des yeux et ne voient rien, des bouches et ne parlent point, des mains et ne touchent point, des pieds et restent immobiles où on les met,[1] les belles divinités, en vérité! sans compter les abominations de toutes sortes qu'abritent leurs autels; sache-le, malgré des apparences souvent prestigieuses, des oracles parfois subtils, les dieux des nations sont des démons[2] ténébreux et des larves impures de l'Erèbe!

— Aussi, dit Calamus avec un superbe dédain, je me soucie des dieux comme d'un bol de lupins. Que croire en un pays savant comme cette ville, où des écoles rivales, dirigées par des philosophes qui prétendent tous posséder la vérité, se disputent la primauté de l'enseignement et la formation des disciples? Qu'enseigne-t-on de meilleur chez vous que

(1) Psaume xcviii.
(2) Psaumes : « *Omnes dii gentium dæmonia.* »

chez Apollonius de Thyane, qui tient son école près du forum, mène une vie austère à la manière de Pythagore dont il répand l'enseignement, fait des tours de passe-passe et se prétend fils des dieux? Sais-tu que son école est florissante et que ses disciples sont nombreux?

— L'imposture, s'écria Saul, possède toutes les ressources de Baal-Tzébout, et sait mettre en œuvre toutes les illusions des ténèbres. Quelle figure ferait Pythagoras devant Moïse? Toute la philosophie de la Grèce et de Rome a-t-elle pu empêcher l'invasion de la corruption qui les dévore et les aura bientôt anéanties à jamais? Apollonius de Thyane, le pytagoricien, qui se prétend un initié de l'Égypte, me dira-t-il pourquoi les égyptiens adorent les oignons, les ibis et les crocodiles, et divinisent tout, excepté la vraie Divinité?

— O Saul, dit Calamus avec une nuance de reproche, comment peux-tu parler ainsi, toi qui es si versé dans les sciences, les lettres et la philosophie? Si Apollonius t'entendait, il ne manquerait pas de te rappeler ce que tu sais aussi bien que quiconque, que tous ces cultes sont symboliques et cachent de grands mystères que les initiés affirment, à tort ou à raison, avoir pénétré pleinement, dans leur éclatante vérité.

— Eh bien! j'ai donc raison, s'écria Saul avec feu, si la Vérité existe, comme je le crois fermement, la Vérité est la même partout, elle est vivante et elle doit resplendir comme le soleil aux yeux de tous! Voilà pourquoi le grand Moïse, notre père, a quitté l'Égypte avec son peuple choisi de Dieu et l'a fait dépositaire de l'Arche de cette Vérité éclatante, afin de la sauver de la mort, hors des superstitions impies et dégradantes des nations. J'aurais voulu te convertir, Calamus, et je vois que je n'en aurai plus le temps.

— Et pourquoi donc? Songes-tu à quitter Tarsus? Peut-être ton intention est-elle d'aller exercer dans une autre ville ton état de voilier.[1] Pourquoi donc, si tes affaires prospèrent en cette cité, irais-tu porter ton commerce en d'autres lieux, puisque le trafic des caravanes et des vaisseaux suffit amplement à tes débouchés?

— Aussi, répondit Saul, n'est-ce pas là le fond de mon intention. Sache donc que mon métier est plutôt un accident passager de ma vie et que l'activité de mon esprit m'appelle vers un avenir plus intellectuel. Les Lettres, les Sciences et la Philosophie, comme tu le constatais tout à l'heure encore, se sont jusqu'ici partagé mes loisirs; j'ai fréquenté toutes les écoles de Tarsus, appris ici tout ce que je pouvais apprendre, et il ne te paraîtra pas extraordinaire, qu'à l'exemple des Tarsiens passionnés pour la science qu'ils placent plus haut même que la fortune, puisqu'ils affrontent les dangers et les frais des voyages lointains, pour aller perfectionner leur instruction dans les écoles étrangères, je désire, moi aussi, aller achever la mienne. Loin de s'y opposer, mes parents m'y engagent et, déjà, des démarches ont été faites en ma faveur à Jérusalem auprès de l'illustre Gamaliel, prince du Sénat judaïque et chef de l'Académie, afin qu'il veuille bien m'admettre au nombre de ses disciples. J'attends un de mes cousins, nommé Stéphanus, qui, lui aussi, fait partie de son école et doit venir m'apporter la réponse du maître en visitant notre maison; voilà pourquoi tu me rencontres, Calamus, me dirigeant vers la mer; sais-tu si un vaisseau venant de Chypre est arrivé au port tout à l'heure?

(1) Saint Paul obéissant à la loi de Moïse était voilier de son état et construisait des tentes. C'était une des principales industries de Tarse; on s'en servait pour les camps, les vaisseaux, les chars sur lesquels on promenait les statues des dieux. Ce métier donna plus tard à saint Paul beaucoup d'indépendance pour prêcher l'Evangile, le travail manuel qu'il avait honoré fut un de ses titres de valeur aux yeux des gentils. Toutefois, Saul n'avait pas besoin de ce travail pour vivre, il s'y livrai par obéissance à la loi de Moïse et parce que c'était là une règle si sage que les Athéniens eux-mêmes s'y conformaient. Nous sommes instruits de ces détails par les Actes des Apôtres, les épîtres aux Corinthiens et aux Thessaloniciens.

— Que ne l'as-tu dit plus tôt, s'écria Calamus, je viens du port et, en effet, le vaisseau dont tu parles y était attendu, déjà l'on pouvait voir ses voiles flotter au vent et ses rameurs frapper en cadence, de leurs avirons, les flots écumants. Si aucun retard ne s'est produit, peut-être le vaisseau est-il présentement entré en rade. Excuse-moi de t'avoir ainsi interrompu dans ta course, je ne te retiens pas, Saul, car moi-même je suis attendu par des amis aux étuves de Marco où j'ai promis de me rendre au coucher du soleil. Te verrai-je encore avant ton départ?

— Oui, sans doute, dit le juif en le regardant fixement, je te rappellerai les convictions de Saul, afin que, si, un jour, comme tes compatriotes, tu veux perfectionner ton instruction, tu saches choisir un centre de vraie lumière et de pure philosophie divine. Adieu.

Ayant ainsi parlé, les deux amis se quittèrent, Calamus pour aller à ses plaisirs, et Saul pour presser le pas vers le port où une foule rassemblée, dans un pittoresque bariolage de costumes, regardait la mer et les manœuvres des vaisseaux qui entraient ou sortaient, dans le calme azuré de l'horizon et des flots.

III

Sur quelque lointain rivage que les hasards de la conquête ou les nécessités du commerce eussent jeté les Juifs, leur esprit et leur cœur étaient sans cesse tournés vers la ville sainte, après les parvis de laquelle ils soupiraient toujours avec le même amour que le psalmiste.

Aussi, était-ce un bonheur pour eux d'accueillir avec empressement quiconque arrivait, apportant des nouvelles de la Judée et des échos de Jérusalem.

Lorsque Saul arriva sur la grève, une birème entrait au port, légère et gracieuse, au milieu des chants des matelots qui ramaient en cadence. Du pont du navire au rivage et du rivage au navire, entre les spectateurs et les passagers, mille signes joyeux s'échangeaient.

Après plusieurs évolutions, le vaisseau s'arrêta, les amarres furent fixées et les chaloupes mises à la mer débarquèrent les voyageurs sur la grève.

Saul, attentif, les considérait tous, les uns après les autres, sans reconnaître le visage qu'il cherchait.

Enfin, la dernière barque amena un jeune homme de belle prestance, à l'air doux et modeste, enveloppé du manteau juif aux houppes violettes, mais ne portant pas de totaphoth sur son turban ni sur son bras gauche.

Saul s'en aperçut et en fit en lui-même la remarque, sans toutefois en témoigner aucun étonnement par des paroles. Dès que le jeune voyageur eut mis pied à terre, ils se reconnurent et se saluèrent avec la cordialité empressée d'anciens amis ou de parents qui ne se sont pas vus depuis longtemps.

— Sois le bienvenu, Stéphanus, dit Saul, sur ces rivages où des amis t'attendent. Quelles nouvelles nous apportes-tu de Judée?

— De bonnes nouvelles pour toi, Saul, répondit le jeune homme, et de graves nouvelles, peut-être, pour le peuple tout entier.

— Que veux-tu dire?

— D'abord, l'illustre Gamaliel m'envoie te dire que le jour où tu voudras bien te présenter à son école, tu seras reçu par lui comme le plus cher des disciples. Il paraît que le maître a fondé sur toi de grandes espérances.

— Je ferai tous mes efforts pour mériter la bonne opinion qu'il a de moi, répondit Saul en prenant avec son compagnon le chemin de la ville. Mais, dis-moi, Stéphanus, je te prie, de quelles graves nouvelles tu parlais tout à l'heure, comme devant intéresser le peuple tout entier? Y a-t-il des troubles en Judée, dont nous n'ayons pas eu connaissance, un nouveau David s'est-il levé pour combattre le Goliath romain et rendre aux parvis de Sion un peu de leur liberté antique et de leur splendeur des grands jours?

— Je vois que les récents événements qui se sont passés en Jérusalem ne sont pas arrivés jusqu'à tes oreilles. Sache donc que, pendant plusieurs années, un homme extraordinaire a surgi de Galilée...

— D'où rien de bon ne peut sortir, interrompit Saul avec un mépris pharisaïque non déguisé.

— De Nazareth, continua Stéphanus.

— Encore moins ! Toi qui es à même d'approfondir les Écritures, tu le sais bien, la grandeur future de Sion sortira de Juda.

— Aussi, cet homme extraordinaire se réclamait-il de sa naissance en Bethléem de Juda ; du moins ses disciples le proclamaient natif de cette bourgade, fils de David et Messie prédit par les prophètes.

— Eh ! bien ?

— Pendant trois ans entiers, Jésus, « c'était son nom, » parcourut la Judée, annonçant qu'il était le Fils de Dieu, recrutant des disciples en grand nombre, leur donnant des pouvoirs extraordinaires sur toutes choses et accomplissant lui-même les plus prodigieuses actions. On l'a entendu expliquer les Écritures avec d'incomparables lumières, on l'a vu guérir les malades, les infirmes, rendre la vue aux aveugles, purifier les lépreux, faire entendre les sourds et parler les muets. Tu sais, Saul, ce Lazare qui vivait avec ses deux sœurs dans une métairie appartenant à Simon le lépreux à Béthanie, sur le versant du mont des Oliviers ?

— Oui, j'ai connu cette famille dans un séjour que je fis à Sion il y a quelques années. Qu'est-il arrivé à ce Lazare ?

— Il lui est arrivé de mourir, d'être enterré pendant quatre jours et d'être ressuscité d'entre les morts, au bout de ce temps, par Jésus de Nazareth, alors que, devant de nombreux témoins, il l'adjurait de secouer la pourriture du tombeau et de renaître à la vie ! D'autres personnes ont été également ressuscitées, notamment la fille d'un officier romain à Capernaüm et le fils d'une pauvre femme à Naïm.

— Voilà des choses étranges comme on n'en a point vu depuis Elie le prophète ! Que dit le Sanhédrin de ces prestiges et pourquoi n'appelle-t-il pas à son tribunal cet homme qui se prétend un Messie, afin de le sommer de dire en quel nom il opère ces prodiges et de le prouver ?

— Tu as eu connaissance, sans doute, des prédications de Jean le baptiste, qui baptisait sur les bords du Jourdain, non loin de Jéricho, vêtu d'une tunique de peau, mangeant des sauterelles et du miel sauvage pour toute nourriture et prêchant l'austérité et la pénitence à tout Israël en lui annonçant un futur salut?

— Oui, les échos de ces prédications sont arrivés jusqu'à mes oreilles ; j'ai appris aussi que Jean le baptiste était aimé du peuple, parce qu'il prenait son parti dans des discours révolutionnaires contre l'oppression romaine et surtout contre le Sanhédrin qui aurait dû sévir contre lui avec toute la rigueur de la Loi.

— Ah! Saul, tu vis loin de la Judée et tu ne sais pas que Jean le baptiste fut la terreur du Sanhédrin et de toute l'aristocratie pharisienne de Sion! Abrité derrière l'amitié du peuple souffrant, si le Sanhédrin l'eut mis en accusation, tout le peuple se serait soulevé en sa faveur. Les pharisiens se bornèrent à lui envoyer des ambassadeurs pour savoir de lui qui il était et ce qu'il pensait de lui-même.

— Et que répondit-il?

— Il répondit qu'il n'était ni Elie, ni le Messie attendu, ni un prophète, mais rien qu'une voix du désert chargée de préparer les voies à Celui qui allait venir, et des chaussures duquel il se disait indigne de dénouer les courroies.

— Il fut tué, cependant, d'après ce que j'ai entendu dire.

— Oui, par Hérode, à Machéronte, sur l'instigation d'une femme criminelle, forte d'un grand ascendant sur son esprit corrompu. C'est de ce jour que Jésus de Nazareth, après avoir été baptisé par Jean dans les eaux du Jourdain, a publiquement et ouvertement enseigné, répandant sur ses pas une profusion de merveilles. Mais aujourd'hui, il n'est plus. Livré au Sanhédrin avant la dernière fête de Pâque, il fut accusé et convaincu d'avoir blasphémé en se disant le Fils de Dieu et, déféré au procurateur Pontius Pilatus, sous l'accusation d'avoir voulu se faire roi des Juifs, finalement condamné pour crime de lèse-majesté

Tous se retirèrent, laissant sur la place le corps du martyr,
qui, selon la loi, devait rester sans sépulture, exposé à la voracité des bêtes.
(P. 80.)

envers César et crucifié en même temps que deux voleurs.

— Et c'est ainsi que finit ce perturbateur et que fut étouffée cette aventure?

— Détrompe-toi, Saul, répondit Stéphanus, avec une douceur qui n'excluait pas une certaine nuance de conviction, rien n'est terminé et, au contraire, tout commence.

— Que veux-tu dire?

— Ce Jésus qui avait ressuscité les autres, s'est ressuscité lui-même, comme il l'avait prédit, du reste, de son vivant. Malgré des gardes posés près de son tombeau par le Sanhédrin, bien que la pierre du caveau eût été enchaînée et scellée du sceau du Temple, le sépulcre s'ouvrit, ébranlé comme par un tremblement de terre, et le matin du troisième jour, il était vide; la nouvelle s'en répandit rapidement. Pour couper court à tout, les princes des prêtres payèrent les soldats pour dire qu'ils s'étaient endormis et que, pendant leur sommeil, les disciples de Jésus étaient venus dérober son corps.

— Etrange! en vérité! Alors Jérusalem compte un parti de plus dans ses murs? car, sans doute, tous ces galiléens ne demandent qu'à saisir ce prétexte pour se révolter, prendre les armes et exciter des troubles à leur profit en Judée?

— Au contraire, Saul, ce sont les hommes les plus humbles et les plus doux que la terre ait portés, ils sont timides à l'excès; eux-mêmes, paraît-il, ont été les premiers incrédules, il a fallu que Jésus leur apparût à plusieurs reprises après sa mort et vécût même quelque temps de leur vie commune en diverses circonstances, pour qu'ils crûssent à la réalité de sa résurrection. Ils se bornent à prêcher partout l'avènement du Royaume de Dieu par le Messie Jésus, Fils de Dieu, et à opérer des miracles comme lui-même en a fait.

— Voilà, s'écria Saul, des perturbateurs audacieux que le Sanhédrin devrait bien mettre à la raison; qu'allons-nous devenir si le premier mendiant venu se mêle d'expliquer et d'interpréter la Loi de Moïse notre père que, seuls, les pharisiens connaissent à fond et ont le droit d'enseigner! Et toi, Stéphanus, j'espère bien que tu es assez sage pour ne pas donner dans ces extravagantes et criminelles nouveautés?

— Mon cher Saul, répondit Stéphanus, quand tu seras arrivé à Jérusalem, tu verras par toi-même ce qu'il y a lieu d'en penser ; la sagesse enseigne avant tout la méditation et le silence.

Le jeune homme avait donné d'un ton calme cette réponse ambiguë, sans songer à considérer quel effet elle pouvait produire sur la physionomie de son compagnon.

En l'entendant parler ainsi, cependant, Saul avait froncé durement les sourcils et ses yeux avaient lancé des éclairs.

Il allait, peut-être, laisser échapper une parole violente, lorsqu'il aperçut son père qui, assis à la manière orientale sur l'étalage de sa boutique, faisait aux deux jeunes gens un signe de bienvenue.

Ils étaient arrivés à la maison du voilier qui occupait environ le milieu de la grande rue de Tarsus.

Le vieillard accueillit le jeune voyageur[1] avec affection et l'introduisit aussitôt dans les appartements intérieurs réservés uniquement dans tout l'Orient à la vie de famille.

Là, Stéphanus leur annonça l'heureuse nouvelle de l'admission de Saul à l'école de l'illustre Gamaliel, et tous se réjouirent sans arrière-pensée, car cette famille, quoique pharisienne, était d'une droiture de mœurs exemplaire, servant Dieu non seulement par des pratiques extérieures, mais aussi avec une conscience pure et droite, loin de toute hypocrisie et de tout sentiment d'orgueil.[2]

Et il fut décidé qu'aucun retard ne serait apporté au départ de Saul pour la ville de Sion.

(1) Plusieurs commentateurs ont pensé que saint Paul et saint Etienne étaient parents, on n'a pu faire que des suppositions à cet égard, mais il reste acquis qu'ils étaient amis et condisciples à la même école de philosophie sacrée.

(2) Comme saint Paul en témoigne dans sa IIe épître à Timothée, 1-3.

IV

LE CÉNACLE ET L'ÉLOQUENCE DE PIERRE.

Nous avons vu dans un précédent volume, les onze
apôtres en extase sur le mont des Oliviers, et regardant les
nuages sur lesquels le Fils de l'Homme, vainqueur de la
mort, venait de s'élever sous leurs yeux pour aller s'asseoir
à la droite éternelle du Père.

La glorieuse ascension du Seigneur s'était produite, non
pas comme un rêve furtif, pendant les heures incertaines de
la nuit, mais comme un acte triomphal, en plein midi, dans la
clarté sans borne des cieux, à la face même du soleil rayonnant.

Et, cependant, ils étaient restés là béants, étonnés devant
ce Ciel un instant ouvert et maintenant refermé à leurs yeux,
et il avait fallu que deux anges les tirassent de leur stupeur
en leur rappelant que, désormais, ils devaient travailler seuls
à la vigne du Maître avec le secours du Saint-Esprit promis.

Et, comme ces deux anges avaient disparu à leur tour, les
apôtres se disposaient à partir, comblés de merveilles et pas
encore satisfaits dans leur foi, ils virent avec étonnement
que le sol avait gardé l'empreinte des pieds du Divin Maître,
laissant ainsi de lui un suprême et sensible témoignage à
leurs yeux de chair.

Ils se prosternèrent alors et baisèrent, avec des larmes, ces traces augustes, puis, étant descendus de la montagne pleine, pour eux, de tant de grands souvenirs et de si douloureux échos, ils traversèrent, pensifs, le torrent de Kidron, accompagnant la sainte et vénérable Marie, Mère du Sauveur, qui avait assisté avec eux à l'ascension de son Fils et retournait à Jérusalem, portant entre ses mains le rameau éclatant de palmier qu'un ange venait de lui apporter du Ciel. [1]

Obligés de faire un détour pour trouver un antique pont de pierre qui pût leur livrer passage, ils regardèrent avec mélancolie l'endroit où tant de fois leur divin Maître avait, avec eux, traversé le cours d'eau sur le tronc antique du cèdre que les licteurs de Pontius Pilatus avaient enlevé pour en faire à la hâte la pièce principale de l'instrument du supplice de Jésus, puis, s'étant avancés jusqu'aux murs de la ville, ils rentrèrent dans Jérusalem par la porte Dorée qu'ils avaient franchie tant de fois avec Lui.

Et, là aussi, ils se souvinrent!

Ils revirent, devant leurs yeux, la gloire naïve de cette journée triomphante, où la pompe prophétique du Fils de l'Homme était entrée dans la ville sainte parmi le balancement des palmes vertes, à travers les jonchées de feuillage, les vêtements étendus, et ils croyaient entendre encore à leurs oreilles, ces cris que redira sans cesse l'éternelle Sion :

---

(1) Une tradition touchante veut (sur la foi de plusieurs auteurs parmi lesquels Metaphr. « *Oratio de vita et dormitione Deiparœ.* » Nicephor : II, Stella., etc.,) que, pendant que la sainte Vierge était assise près du lieu de l'ascension dont elle venait d'être témoin, l'ange Gabriel lui apparût, la salua et lui fit connaître le jour de sa mort comme il lui avait annoncé le mystère de l'Incarnation, puis lui remit une palme qu'il avait apportée du Ciel et qui lui était envoyée par son divin Fils. La branche était verte et scintillait comme une émeraude et les feuilles étaient blanches et brillaient comme des étoiles. Elle la conserva dans sa maison et la tradition veut encore que saint Jean l'ait portée le jour de ses funérailles. Pendant longtemps les franciscains de Jérusalem en firent la commémoration dans une de leurs processions.

— Hosanna au Fils de David! Béni soit l'envoyé du Seigneur parmi nous! Hosanna!

Mais leur marche modeste, ne ressemblait à rien moins qu'à un triomphe. Brebis destinées à se répandre parmi les loups sous l'invisible houlette d'un pasteur en allé, qu'allaient-ils faire dans leur faiblesse, qu'allaient-ils oser dans leur timidité, qu'allaient-ils vaincre dans leur impuissance?

Ils allaient, cependant, obéissants à l'ordre du Seigneur, sous la garde de Céphas, chef élu par le Christ lui-même, pour être désormais le père visible et le pasteur fidèle de leur petite assemblée.

Bientôt, ils arrivèrent devant une maison située aux environs du Temple, sur le versant de la colline, celle-là même qui avait abrité la dernière Cène du Seigneur.

— Entrons tous ici, dit Céphas, car voilà le lieu choisi dans lequel nous allons attendre, sur l'ordre du Seigneur, dans le jeûne et la prière, qu'il daigne, dans sa miséricorde, nous envoyer le Consolateur divin qu'il nous a tant de fois promis et qui ne devait venir qu'après que lui-même se serait éloigné de nous.

Tous entrèrent à sa suite et, avec eux, quelques disciples non apôtres, qui briguaient l'honneur d'être choisis pour compléter leur nombre et remplacer le douzième, qu'un crime, le plus grand de tous, avait à jamais séparé de l'auguste communion des Saints.

La maison était élevée d'un étage, ils montèrent dans la salle haute, pièce vaste et voûtée, soutenue par des colonnes, prenant jour par de petites fenêtres grillagées de bois à l'étroite texture; tous s'assirent par terre sur des nattes, à la mode de l'Orient, tandis que Marie prenait place au milieu d'eux sur un siège et que Céphas restait debout près de la fenêtre principale, dans l'auréole d'un rayon de soleil.

Un silence plein de recueillement régnait dans la salle et Pierre, prenant la parole, dit :

— Mes frères, sachez que le Seigneur Jésus, notre Maître, m'a établi sur vous, comme un pasteur, ayant jugé bon de prendre au milieu de tous le plus indigne, espérant qu'à cause même de mon indignité et de ma faiblesse, je serai le plus fidèle. Vous vous souvenez qu'en ces tristes jours où notre Maître fut traîné devant les tribunaux des princes des prêtres de cette ville, un de ceux qu'il aimait le plus le trahit par un baiser infâme, et, n'espérant pas de pardon pour son crime, mourut de sa propre main et dans son affreux péché. Or, nous devons le remplacer et procéder parmi ceux-ci au choix du plus digne ; dites-nous donc, à votre avis, qui nous devons élire en remplacement de Judas de Kérioth ?

Cent vingt personnes environ étaient là, disciples et saintes femmes, écoutant la parole de Pierre, et tous étaient d'avis avec lui, qu'il fallait choisir un douzième témoin de la résurrection du Seigneur.

D'une seule voix, ils désignèrent pour cette élection, au choix, comme également dignes de cet honneur, Joseph Barsabas, surnommé le Juste, et Matthias.

Mais pour lequel des deux se prononcer de préférence à l'autre ?

Alors, ils se mirent à prier en disant :

— Seigneur, toi qui scrutes tous les cœurs, choisis toi-même entre ces deux-ci, et montre-nous ton choix, afin que celui que tu auras élu prenne la place du prévaricateur !

Ayant ainsi parlé, ils tirèrent leurs noms au sort dans le pan d'un manteau et le sort désigna Matthias, qui prit rang désormais parmi eux.[1]

.   .   .   .

(1) Actes des Apôtres, chap. I. On croit que saint Matthias prêcha l'évangile en Judée et dans une partie de l'Ethiopie et fut martyr ; on lui a attribué un Evangile et un Livre de Tradition ; mais ce sont des ouvrages apocryphes et supposés. (Décision du pape saint Gelase Ier, a. 496.)

La fête de la Pentecôte approchait; c'était l'une des trois grandes solennités judaïques avec la fête de Pâques et celle des Tabernacles.

Les fêtes des Israélites étaient de véritables réjouissances. La Loi faisait un devoir à tous de se trouver à Jérusalem pour les célébrer, et les femmes elles-mêmes avaient le droit d'y participer.

La Pâque célébrait la sortie d'Egypte et l'exode du peuple de Dieu hors des chaînes du Pharaon.

La Pentecôte [1] leur remémorait la glorieuse époque de la publication de la Loi.

La fête des Tabernacles leur rappelait le long séjour de leurs pères dans le désert où ils avaient si longtemps logé sous des tentes de nomades, aussi, ce jour-là, l'usage voulait-il que l'on séjournât sous des tentes de feuillage et on en construisait partout, non seulement sur les places publiques et autour de la ville, mais encore sur les toits plats des maisons.

Ces grandes solennités duraient sept jours, probablement en mémoire des sept jours de la création. [2]

Aussi, l'affluence à Jérusalem était-elle grande et les foules y venaient de tous les points de la Judée et même des pays les plus voisins. Chacun mettait ses plus beaux habits en signe de joie.

C'étaient aussi des fêtes de famille, car on y revoyait avec joie ses parents et ses amis, avec lesquels on assistait dans le Temple aux prières et aux sacrifices qui se faisaient en grande pompe au milieu des accents de la musique la plus solennelle; on mangeait en commun des mets dans de joyeux festins, car la Loi de Moïse commandait de se réjouir pleine-

---

(1) En grec πεντηκοστή c'est-à-dire *cinquantième* parce que cette fête se célèbre cinquante jours après Pâques.

(2) L'abbé Fleury : *Mœurs des Israélites.*

ment en ces jours heureux et de compléter la joie spirituelle par des réjouissances sensibles.

Et c'était une agréable nouvelle que de se faire mutuellement part des approches de ces fêtes, pendant lesquelles on irait dans les parvis du Seigneur.

Combien on estimait heureux ceux qui ne quittaient point Sion et qui passaient leur vie dans ses murailles.

Quand on se mettait en route, on allait en grandes caravanes au milieu des chants et du son des instruments de musique, et si le malheur voulait qu'on ne pût aller à Jérusalem, on pleurait amèrement son infortune, en répétant sans se lasser, les plaintes douloureuses de David en exil.

Le dixième jour après l'ascension du Seigneur était arrivé, et tous étaient réunis dans le cénacle et priaient toujours dans l'attente du Saint-Esprit lorsque, tout à coup, un bruit semblable au fracas de la tempête retentit autour de la maison.

Saisis d'une grande et religieuse émotion, les apôtres frémissants redoublèrent leurs prières.

O merveille! voici qu'apparurent des petites flammes semblables à des langues de feu, qui voltigèrent un instant dans l'air de la salle et vinrent se poser sur la tête de chacun d'eux.

A l'instant, ils furent saisis du Saint-Esprit, une science sainte remplit leurs esprits et ils se sentirent devenus des hommes nouveaux, prêts à prêcher à l'univers les éternelles vérités que leur avait enseignées leur divin Maître et dont toute la splendeur apparaissait maintenant à leurs yeux pleinement ouverts.

Le don des langues diverses germa et s'épanouit en eux, leur indiquant ainsi toute l'étendue de la mission qu'ils allaient avoir à remplir, pour annoncer la Bonne Nouvelle à toutes les nations de la terre.

Mais, selon l'ordre même du Seigneur Jésus, il fallait commencer par Jérusalem, la ville déicide mais assoiffée d'espérance et parler dans Sion qui, dans son aveuglement, attendait toujours le Messie et ne comprenait point qu'il était venu en elle et qu'elle l'avait crucifié.

Et quel champ immense et fécond à l'apostolat nouveau que la cité pleine, en ces jours de fête, des multitudes arrivées pour la joie, la consolation et l'espérance, des foules qui, elles aussi, apportaient des confins de tout l'Orient la soif du salut prochain et le désir du Sauveur attendu !

Ils sortirent donc et ils se mirent à prêcher, partout, sur les places publiques et dans le Temple, se faisant entendre à la fois de tous les étrangers aux plus divers idiomes, et, dans leur étonnement, ceux-ci disaient, Parthes, Mèdes, Œlamites, Mesopotamiens, Judéens, Cappadociens, Pontiens et Asiatiques, Phrygiens, Pamphyliens, Égyptiens, Lybiens, Cyrénéens et Romains :

— Est-ce que ceux-ci ne sont pas Galiléens ? D'où vient donc qu'en les écoutant parler, nous les entendons chacun dans notre propre langue ?

Et des juifs et des prosélytes [1] Crétois et Arabes se disaient entre eux avec stupéfaction et étonnement :

— Que signifie tout cela ? Voici que nous entendons, chacun dans notre idiome particulier, les grandeurs de Dieu racontées par ces hommes !

D'autres, au contraire, se moquaient, et, tournant en dérision les effets du miracle du Saint-Esprit disaient :

---

(1) Ces prosélytes, dont parlent les Actes des Apôtres, étaient des païens convertis à la religion judaïque par la propagande que faisaient partout les pharisiens pour s'attirer les gentils. Cette conversion les rattachait seulement à la religion de Moïse. S'ils se montraient fidèles observateurs de la Loi, une part inférieure des promesses de cette Loi leur était assurée; ils n'en étaient pas exclus, tandis que le Juif infidèle se perdait, par le fait de son infidélité, avec les païens abominables. (D'après l'historien Josèphe, Arch. xxiii-8.)

— Allons donc! ne voyez-vous pas qu'ils sont pleins de vin et que voilà la raison de leurs discours!

Pierre, alors, se tenant au milieu des onze apôtres éleva la voix et dit à la foule :

— Hommes de la Judée et vous tous, étrangers qui êtes dans Jérusalem, ouvrez l'oreille à mes paroles et sachez bien que ceux-ci ne sont pas ivres comme vous le pensez, à peine à la troisième heure du jour.[1] Mais ce que vous voyez et entendez est la réalisation de la parole du prophète Joël lorsqu'il a dit de la part du Seigneur :

« Dans les derniers temps, je répandrai mon Esprit sur toute chair; vos fils et vos filles prophétiseront, vos jeunes gens auront des visions et vos vieillards éprouveront l'effet des songes. Et, dans ces jours, je répandrai sur mes serviteurs et mes servantes mon Esprit pour qu'ils prophétisent, les Cieux seront pleins de prodiges et la terre verra des signes de vapeur, de feu et de sang. Le soleil sera assombri et la lune ensanglantée aux approches du temps du Seigneur qui sauvera quiconque l'invoquera par son Nom!

» Ecoute, peuple d'Israël :

» Jésus de Nazareth a été envoyé à vous par Dieu et il a fait parmi vous de grandes merveilles, vous ne l'ignorez pas, non plus que la façon dont vous l'avez livré et fait mourir par la main des impies, ce qui entrait dans les éternels desseins de Dieu qui l'a suscité pour briser à jamais la

---

(1) Dans l'antiquité, les heures du jour ne se comptaient pas comme nous avons coutume de les compter. Les anciens comptaient douze heures pour le jour et autant pour la nuit. Ils commençaient à compter ces heures au temps où il est à peu près six heures du matin chez nous, de sorte que leur sixième heure était notre heure de midi, leur septième, une heure après-midi, etc.... Pour les heures de la nuit ils les partageaient en quatre parties égales qu'ils appelaient *veilles* de sorte que chaque *veille* contenait trois heures. L'heure dont parle ici saint Pierre correspondait donc à neuf heures du matin à nos horloges. Cette observation de saint Pierre ne manque pas d'ironie péremptoire.

ténébreuse puissance de l'enfer. C'est de lui que David a dit :
« Le Seigneur est sans cesse devant mes yeux et ma place
est pour jamais à sa droite. Voilà pourquoi mon cœur s'est
réjoui et pourquoi ma langue a chanté, voilà pourquoi mon
repos sera plein de paix et d'espérance! Mon âme ne sera
pas abandonnée par toi dans les enfers et tu ne permettras
pas que la corruption atteigne ton Saint. Car tu m'as dévoilé
les voies de la vie éternelle et j'ai tressailli d'allégresse en
présence de ta face. »

» Voilà ce qu'a dit David, le patriarche et le prophète, et
j'en prends à témoin ses ossements qui reposent jusqu'à ce
jour parmi nous. Car Dieu lui a juré que l'héritier de sa race
s'asseoirait sur son trône éternel. Aussi, a-t-il prophétisé la
résurrection du Christ qui n'a pas séjourné aux enfers et
dont la chair n'a point connu la corruption du tombeau. Et
c'est de cette résurrection de Jésus que nous sommes tous les
fidèles témoins parmi vous; assis à la droite de Dieu, il a
répandu son Esprit sur nous, selon la promesse du Père et
c'est cet Esprit qui parle devant vous par notre bouche.

» David n'est pas monté au Ciel; c'est donc du Christ
qu'il a dit : « Le Seigneur a dit à mon Seigneur, asseyez-vous
à ma droite, jusqu'à ce que j'ai abaissé vos ennemis au point
de vous en faire un marchepied. »

» Que toute la race d'Israël le sache donc avec certitude :
Ce Jésus que vous avez crucifié, Dieu l'a fait Christ et
Seigneur à jamais! [1] »

En entendant ces éloquentes paroles, le cœur de la foule

(1) Actes des Apôtres, chap. II. Cette dernière phrase du discours de saint Pierre
est un chef-d'œuvre d'argumentation sans réplique adressée aux Juifs qui n'eussent
sans doute pas accepté la divinité de Jésus-Christ si l'apôtre ne leur eut affirmé et
ne les eut convaincus par ces paroles que cette divinité était admise, voulue et
sanctionnée par Jéhovah lui-même, car la Loi de Moïse était formelle sur ce point
et nulle puissance humaine n'eut pu en détruire la lettre dans leur esprit, sans le
secours du Ciel.

se remplit d'une vive componction et, d'une seule voix, tous crièrent à Pierre et aux apôtres qui l'entouraient :

— O hommes, nos frères, dites-nous donc ce que nous devons faire selon votre enseignement.

— Faites pénitence, leur répondit Pierre, et que chacun de vous se fasse baptiser au nom de Jésus-Christ pour la rémission de ses péchés et vous recevrez les dons du Saint-Esprit. Car il vous a été fait, à vous et aux étrangers et à tous ceux qu'appelle à lui le Seigneur notre Dieu, une promesse de salut; sortez des liens du péché; sauvez-vous des iniquités de cette génération mauvaise!

. . . .

Ce jour-là, trois mille âmes furent gagnées à l'Eglise et trois mille personnes reçurent le baptême sanctificateur des propres mains des apôtres du Seigneur.

V

L'ÉCOLE DE GAMALIEL ET LE PARTI PHARISIEN.

Il n'y avait pas, chez les Israélites, d'écoles dans le sens que nous donnons aujourd'hui à ce mot et telles que les connaissaient les Grecs et les Romains sous les noms de gymnases et d'académies.

La Loi de Moïse interdisait comme inutile et dangereuse l'étude de toutes les sciences profanes.

Tout se résumait pour eux à une solide éducation première, portant sur les principes de la morale révélée par la Loi, et la science des choses strictement nécessaires à assurer la mise en œuvre intelligente des forces, pour le travail quotidien indispensable à l'entretien de la vie.

La science de l'agriculture était, surtout, cultivée chez eux, quoique les ouvriers d'art ne manquâssent pas parmi eux ; sans en chercher des preuves jusque dans les origines de l'exode du peuple juif hors de l'Egypte, nous voyons par l'Ecriture que David laissa dans son royaume un grand nombre d'artisans de toutes sortes : maçons, charpentiers, forgerons, orfèvres, etc., que Salomon choisit dans tout Israël trente mille ouvriers, et qu'il avait quatre-vingt mille carriers occupés à extraire le marbre des montagnes et à le tailler, sans compter les ouvriers qu'il emprunta au roi de Tyr, pour façonner le bois de cèdre, art que les Sidoniens avaient beaucoup perfectionné.

Le prophète Isaïe, dans ses menaces contre Jérusalem, lui annonce que le Seigneur lui ôtera les gens savants dans les arts, et la généalogie de Juda parle d'une famille d'artisans de fin lin et de potiers, qui travaillaient pour le roi et habitaient dans ses jardins. Toutefois, on ne les voyait jamais exporter chez les nations voisines que les produits de leur sol, le pur froment, l'huile, la résine et le baume, dont le prophète Ezéchiel nous montre l'échange effectué en paiement des riches produits qui affluaient en Israël de Tyr et de Sidon.

La terre d'Israël suffisait à la nourriture de son peuple qui ne connut pas l'art des grands trafics en mer, par la raison que toutes ses côtes étaient occupées par les Philistins, les Cananéens, les Phéniciens, laissant seulement un peu d'eau, selon les bénédictions de Jacob et de Moïse, à la tribu de Zabulon, pour l'inviter discrètement au commerce.

Chaque Israélite, n'ayant à s'occuper que de la culture de son champ, n'avait pas besoin d'une autre science que de celle de la terre, jointe à une connaissance sommaire, quoiqu'exacte, des principes solides de la Loi renfermés dans une seule encyclopédie, le Pentateuque, comprenant les cinq livres de Moïse, et dans les autres livres sacrés, qui étaient plus nombreux que ceux que le temps a respectés, que la Providence a fait passer jusqu'à nous et que nous connaissons sous la dénomination d'*Ancien Testament*.

Les livres étrangers étaient soigneusement bannis de chez eux, tant à cause de la vanité de leur science, qu'en aversion pour les fables grossières et païennes qu'ils contenaient et qui n'eussent pas manqué d'altérer dans le cœur d'Israël, la foi sublime au pur Jéhovah, le Dieu unique.

Les exercices du corps étaient, cependant, en honneur parmi les Juifs, mais non pas comme à Rome et en Grèce, où ils étaient devenus un véritable culte.

Nous voyons dans l'Ecriture de fréquentes louanges données aux hommes vigoureux, tels les braves de David, tels ces coureurs qu'on voyait de loin porter la nouvelle de la défaite d'Absalon, tel cet Asaël, frère de Joab, qui « courait comme un chevreuil. » C'est ainsi que Zacharie parle d'une lourde pierre que l'on s'exerçait à soulever avec émulation, pour prouver la force de son bras, et qui représentait un véritable dynamomètre officiel. Nous voyons aussi, par l'exemple de Jonathas, qu'ils s'exerçaient à tirer à l'arc.

Et, cependant, quand Antiochus l'illustre, fit bâtir un gymnase selon la mode grecque dans Jérusalem, ce fut un scandale et une nouveauté odieuse à tous les yeux.

Pourtant, malgré ce dédain légal pour les arts, les sciences et les lettres profanes, les Juifs avaient des écoles fréquentées par quelques hommes avides de s'instruire.

Ils n'y approfondissaient pas les langues étrangères qui leur étaient odieuses, ni même leur propre langue, si simple et si facile qu'elle ne nécessitait ni grammaire ni grammairiens. Simple comme le génie de leur race, pure comme l'idéal, harmonieuse comme le cycle parfait des nombres fondamentaux, pour la connaître et la parler correctement, il suffisait d'être né sous son influence et de s'être bercé, enfant, au murmure des chansons maternelles. Leur langue était pour eux une musique incessante et naturelle, portant en elle-même tous les éléments du rythme, toute la limpidité des images, toute la clarté des tableaux, toute la simplicité de la pensée. Tous leurs livres étaient des chants sacrés faciles à retenir et à répéter, parce qu'ils étaient l'expression même, pure et sans mélange du génie de leur race, du feu indestructible de leur foi et des tendances les plus complètes de leurs aspirations.

Toutefois, il y avait en Israël des centres importants d'études, de véritables foyers de science ; au temps de David, il y avait dans la tribu d'Issachar, des savants qui s'occupaient d'astronomie, réglant par ce moyen les fêtes de l'année et les devoirs du peuple. Les lèvres des prêtres, dit le prophète Malachie, gardaient la science et l'on allait la recueillir de leur bouche. Ces écoles se tenaient dans les assemblées que les Grecs ont nommées *synagogues* ou *églises,* fondées et ouvertes dans chaque ville et dans lesquelles se pressait le peuple, le jour du sabbat, pour s'instruire dans la science de la religion et des bonnes mœurs, et tout le monde y était admis comme auditeur et tout homme reconnu savant ou prophète inspiré de Dieu, pouvait y enseigner.

Jérusalem, en sa qualité de capitale, avait un centre d'instruction sacrée, qui primait sur toutes les autres écoles des provinces. Le Temple en était le foyer sous l'œil du sanhédrin et, à l'époque de notre récit, Gamaliel le pharisien en était le grand maître, illustre et respecté, tant à cause de la noblesse de sa famille, que de sa célébrité justifiée par la profondeur de sa science, dans laquelle les connaissances astronomiques tenaient une grande part.

Gamaliel était le petit-fils du célèbre rabbin Hillel, natif de Babylone, qui devint président du sanhédrin de Jérusalem et transmit cette dignité à ses descendants pour plusieurs générations.

Hillel avait fondé à Jérusalem une école fameuse où, de toutes parts, on accourait recueillir ses leçons. Ce fut lui qui, à la suite de discussions fameuses qui donnèrent naissance aux sectes des scribes et des pharisiens,[1] sauva définitivement de l'oubli où on les laissait volontairement, les traditions orales des Juifs, après avoir victorieusement démon-

---

(1) Selon l'opinion de saint Jérôme. (L'abbé Ladvocat. *Dictionnaire Historique.*)

Philippe puisa de cette eau dans sa main
et, la versant sur la tête de l'eunuque, il le baptisa. (P. 101.)

tré l'importance de la place qu'elles devaient tenir à côté du texte immuable de la Loi écrite.

C'était dans le même esprit et avec la même autorité que son aïeul, que Gamaliel, président du Sanhédrin et chef des pharisiens, enseignait à Jérusalem.

Il y était respecté et craint, car nul parti n'était plus redoutable que le parti pharisien, qui tenait entre ses mains puissantes et perverses, les destinées même du peuple juif tout entier.

Une astucieuse politique faisait le fonds des agissements de cette secte, et c'était ce qui la rendait impitoyable pour tout ce qui n'entrait pas dans ses intérêts ou semblait tendre à les léser. Sa haine mortelle contre Jésus était venue, précisément, de ce que Notre-Seigneur joignait, à la science profonde et divine de la Loi dans toute sa portée, l'amour sans borne des pauvres, des malheureux, des déshérités et des pécheurs, objets de répulsion pour tous les pharisiens qui faisaient de la religion le masque de leur ambition désordonnée.

Non contents, en effet, de se mettre au-dessus de tout et de tous dans leur nation, ils rêvaient la chimère d'un empire universel, sorte de doublure de l'empire romain, et croyaient Jérusalem destinée à devenir le centre de l'empire du monde, dont ils s'adjugeaient d'avance l'autorité universelle.

En tournant au profit de leur ambition temporelle, l'espérance vive d'un Messie, ils avaient dénaturé le sens des prophéties qui annonçaient avec tant de clarté le règne spirituel de Notre-Seigneur Jésus-Christ. Si les romains eussent pu deviner le mystère de leur ténébreuse politique, ils les eussent anéantis, mais ils ne virent en eux que des métaphysiciens exaltés dans de vaines disputes de philosophie. Il était décrété, du reste, par la Providence, que ce parti ne réaliserait pas ses secrètes espérances, car s'il les eut réalisées, il eut soumis à une tyrannie insupportable les nations asservies à son empire et jamais plus horrible joug n'aurait écrasé le monde.[1]

Répandus dans tout l'empire romain, sans constitution propre, les pharisiens formaient, néanmoins, à cette époque, un parti puissant et solidement uni, dont tous les membres tendaient à un seul but, l'établissement d'un Messie temporel. Sous la verge de fer des chefs de ce parti autoritaire, tous les jeunes pharisiens étaient courbés sans réplique, et soumis aveuglément aux décisions des membres distingués par leur science, leur âge et leur expérience, ils devenaient, à l'occasion, des agents de persécution dans une ardeur fanatique qui les aveuglait, jusqu'à leur faire croire qu'ils rendaient service à Dieu, en faisant mourir les membres de l'Eglise naissante.[2]

Tel était l'esprit dans lequel l'illustre Gamaliel[3] dirigeait l'école, sur les bancs de laquelle Saül était venu s'asseoir en compagnie de Stéphanus, pour se perfectionner dans l'étude de la Loi et la science des Écritures et, devenu à son tour un pharisien, allait bientôt être un persécuteur acharné de la naissante Eglise du Seigneur.

(1) L'abbé Vidal, curé de Notre-Dame de Bercy. Saint Paul, t. i, chap. i.

(2) L'abbé Vidal. *Ibid*.

(3) Les Juifs ont nié que Gamaliel ait eu des sentiments chrétiens et la question reste obscure. Des actes de sa vie, un grand nombre sont hostiles aux chrétiens, d'autres leur sont favorables. Il est probable que, comme Nicodème, Gamaliel fut chrétien en secret, frappé par l'évidence et les caractères divins de la révélation nouvelle, mais que sa position l'empêcha d'en rien faire paraître, (cette conversion dangereuse pour tout le monde lui eut été particulièrement funeste,) et qu'il mourût chrétien, ce qui explique son inhumation à côté de saint Etienne, son disciple, à qui, d'ailleurs, il avait lui-même fait une part de son tombeau, comme Joseph d'Arimathie avait employé le sien pour Notre-Seigneur.

VI

LES SOUPÇONS DE SAUL. — PIERRE ET JEAN
DEVANT LE SANHÉDRIN.

Depuis son arrivée de Tarsus, une préoccupation persistante tourmentait l'esprit de Saul.

Il n'avait pas oublié, en effet, les confidences de Stéphanus sur l'Eglise naissante, se dressant en face du Temple comme un jugement implacable pour l'avenir de la religion mosaïque et du pharisaïsme orgueilleux, et les événements retentissants, dont il était chaque jour le témoin, ne faisaient que le confirmer dans l'opinion qu'il avait sur la force dangereuse de la religion nouvelle.

Tous les pharisiens, d'ailleurs, partageaient ses craintes et étaient effrayés des progrès saisissants que faisaient dans les esprits la doctrine des apôtres appuyée par des miracles.

Un jour qu'il montait au Temple, à la neuvième heure, il avait vu venir, montant aussi vers les parvis, un vieillard et un jeune homme faciles à reconnaître pour des Galiléens, mais déjà connus de tout Jérusalem par leur vie publique et leur prédication assidue.

Un boiteux de naissance demandait l'aumône à l'entrée

des portiques et, comme aux autres, il tendit la main aux deux Apôtres.

Pierre et Jean s'arrêtèrent devant lui et lui dirent :

— Regarde-nous.

Et comme il obéissait, dans l'espérance d'un don, Pierre lui dit :

— Tu te trompes, car nous n'avons ni or ni argent, mais, ce que nous avons, nous allons te le donner de grand cœur.

Et comme le boiteux les regardait encore, sans comprendre le sens de leurs paroles :

— Au nom de Jésus-Christ de Nazareth, lui dit Pierre, lève-toi et marche!

En lui tendant la main droite, il l'aida à se lever et, aussitôt, solide sur ses pieds, le boiteux les suivit dans le Temple, sautant de joie et louant Dieu à la face du peuple transporté d'admiration et de reconnaissance.

Et Saul avait entendu Pierre et Jean crier, devant le peuple, à tous les échos du portique de Salomon :

— Hommes d'Israël, ne vous étonnez point de notre pouvoir. Le Dieu d'Abraham, d'Isaac et de Jacob, le Dieu de nos pères, a glorifié Jésus son Fils, que vous avez livré à Pilatus et renié devant sa clémence qui voulait l'absoudre. Vous, qui avez renié le Juste et fait mourir votre Créateur, le Christ, dont les prophètes ont annoncé les douleurs, faites pénitence de vos péchés et convertissez-vous avant que Jésus-Christ revienne, dans le jour du Seigneur, vous demander compte de vos actions et exterminer la race des impies. Vous qui êtes les enfants des prophètes et les héritiers du Testament, postérité d'Abraham, vous en qui Dieu a promis de bénir toutes les races de la terre et à qui il a envoyé son propre Fils pour vous sauver de votre iniquité, convertissez-vous![1]

.   .   .   .

(1) Actes des Apôtres, chap. III.

En entendant ces paroles vibrantes et tranchantes, les yeux de Saul avaient lancé des éclairs et, bouillant d'une ardeur toute pharisaïque, il avait regardé anxieusement autour de lui, si personne n'allait venir rappeler à l'ordre ces audacieux qui osaient enseigner au peuple la mort et la résurrection de Jésus.

Il ne tarda pas à être satisfait, néanmoins, car les Apôtres parlaient encore, lorsqu'un groupe de prêtres, de sadducéens et de magistrats du Temple s'approchèrent d'eux et, les saisissant par leur vêtement, leur enjoignirent de les suivre dans les prisons.

Parole arrêtée! Parole triomphante! car Saul vit de ses yeux cinq mille auditeurs se convertir sur-le-champ et demander le baptême!

Le soir même, il sollicitait un entretien de son maître Gamaliel, bouillant d'ardeur, avide de lui narrer ce qu'il avait vu et de solliciter de lui, en sa qualité de président du Sanhédrin qui allait, le lendemain, juger les Apôtres, une sentence impitoyable contre ces perturbateurs et ces blasphémateurs.

Et comme il s'apprêtait à soulever la portière de lin qui allait lui donner accès auprès du maître, il s'arrêta, interdit, en entendant un bruit de voix et en reconnaissant celle de Stéphanus, douce et calme, qui plaidait auprès du rabbin la cause des chrétiens.

— Qu'est-ce ceci? se dit Saul, mes soupçons seraient-ils exacts? Quoi! Stéphanus plaide en faveur des Galiléens, et il ose défendre une pareille cause devant une des lumières du Sanhédrin! Et Gamaliel l'écoute!

— Maître, disait Stéphanus, considérez combien grande serait l'injustice d'une sentence sévère à l'égard de ces hommes, dont tout le crime est de faire le Bien, au nom d'un homme qui n'a fait lui-même que du bien, partout où il a laissé l'empreinte de ses pas. Quelle honte pour Jérusalem, dans l'avenir, d'avoir condamné à une mort ignominieuse un homme que la postérité saluera, peut-être, comme le plus grand des prophètes d'Israël. De quel poids pèseront dans les jugements de l'avenir, les petites querelles intestines, devant des faits aussi écrasants pour la mémoire du Sanhédrin, que des condamnations uniquement motivées par des prétextes de jalousie et de haine contre des hommes qui prêchent la pénitence et guérissent les infirmes! Ce n'est pas, ô maître, que je me flatte de gagner devant vous une cause que je n'ai pas mission de plaider. En parlant ainsi, je rends hommage à cette science sûre et à ce jugement profond qui vous distinguent et dont je vous dois toute la part qui est entrée dans mon esprit et dans mon cœur. O maître, vous prêcherez la clémence pour que l'avenir vous juge honorablement et que la postérité glorifie votre haute sagesse.

— Tu es un homme généreux, Stéphanus, répondit Gamaliel avec douceur; tout autre, peut-être, à ma place, t'accuserait d'être passé dans le camp des Galiléens, mais j'ai l'esprit plus large et je te sais trop instruit dans le sens de la Loi et trop pharisien, pour croire un seul instant que tu aies eu la témérité de te joindre à ces hommes, honorables sans doute, mais qui jouent leur vie chaque jour en essayant de détruire ce que Jéhovah a affermi à jamais, en le confiant à notre garde. Mais, va, sois en paix, car moi aussi, je juge comme toi, et moi aussi, je veux la mansuétude et la clémence, persuadé que rien n'arrive sans la volonté de Dieu et qu'il est souvent téméraire à l'homme de juger prématurément des choses extraordinaires.

Ayant ainsi parlé, Gamaliel congédia Stéphanus.

Le soir était venu déployant son pavillon d'étoiles d'or sur Jérusalem et le Temple.

Saul n'entra point chez Gamaliel, il se retira lentement et tout songeur et, traversant les portiques et les cours, sortit du Temple en murmurant tout bas :

— Serait-ce possible! quoi! Stéphanus serait devenu un disciple de ces hommes de Galilée, ignorants et grossiers, faiseurs de prestiges pour capter la confiance du peuple et fomenter contre les pharisiens auxquels il doit tout, des révolutions et des émeutes! Par Abraham, notre père, j'aurai le mot de cette énigme que Gamaliel paraît ne pas vouloir approfondir.

Dans l'ombre, un pas se fit entendre; c'était Stéphanus qui, lui aussi, marchait, songeur, et passa près de Saul sans le reconnaître.

— Où va-t-il maintenant, se demanda Saul, de quel côté dirige-t-il ses pas, sa demeure est près d'ici, s'y rend-il directement?

Il le suivit un instant et, bientôt se convainquit que Stéphanus, laissant de côté le chemin de sa demeure, descendait la colline du Temple, du côté opposé.

Après avoir passé le pont de Sion, Stéphanus suivit le chemin qui conduisait à la maison de Caïpha, fit un coude à gauche, franchit la première enceinte par la porte de Sion et tourna ses pas vers le tombeau de David.

Là, sans souci d'être épié, il frappa à la porte d'une maison clôse que tout le monde, maintenant, à Jérusalem, savait être le Cénacle, habitation des apôtres de Jésus de Nazareth. La porte s'ouvrit et il entra.

— Plus de doute, maintenant, murmura Saul, Stéphanus est chrétien! Ah! Stéphanus! Stéphanus! s'écria-t-il, imprudent! ta trahison te coûtera cher, et Gamaliel, notre maître, saura quel serpent il a nourri et réchauffé dans son sein!

Et, déjà, plein du zèle de la persécution, il retourna dans sa demeure méditant dans son cœur des projets terribles contre les chrétiens de l'Eglise naissante qui poussaient l'audace jusqu'à faire des prosélytes dans les écoles même du Sanhédrin.

Mais, pendant que les pharisiens se livraient à la colère et préparaient la persécution, l'Eglise naissante s'épanouissait comme une fleur précieuse et robuste à la fois, répandant autour d'elle un parfum contagieux qui gagnait à Jésus-Christ d'innombrables âmes. Les Apôtres ne suffisaient pas à la tâche de répandre sur ces innombrables têtes, les ondes purificatrices du baptême.

C'était là l'Eglise de Jérusalem, la première, toute vibrante du souffle du Saint-Esprit et vivante des vertus du Christ dont elle pratiquait, à la lettre, les moindres enseignements.

Tous les fidèles de cette Eglise, disent les actes des apôtres, étaient égaux entre eux dans la communauté des biens. Quiconque y était admis vendait ce qu'il avait et le produit en était réparti entre tous les besoins de la communauté. On rompait le pain dans les demeures chrétiennes avec une sainte joie et en toute simplicité de cœur, en rendant grâces au Seigneur et en bénissant Dieu.

Ce genre de vie si nouveau, était volontaire, toutefois, et non imposé; les apôtres n'obligeaient personne parmi les nouveaux convertis à s'y soumettre et chacun était libre de partager ses biens ou de les garder et de vivre à part au lieu de vivre en commun. Quelqu'ait été le motif de ce partage, l'Eglise de Jérusalem en montra, seule, l'exemple qui ne fut pas imité parmi les autres Eglises composées, plus tard, de gentils.

Cependant, le jour parut et le Conseil général des prêtres s'assembla, composé des princes du sacerdoce, des vieillards et des scribes de Jérusalem, en présence du grand-prêtre Anne et de Caïpha, et les deux apôtres furent tirés de leur prison et conduits au milieu de l'assemblée qui, d'une seule voix, leur demanda :

— De quelle part et en quel nom agissez-vous comme vous le faites dans Jérusalem?

Pierre, alors, rempli de l'éloquence du Saint-Esprit, prit la parole et répondit :

— Princes du peuple et vieillards d'Israël, écoutez : c'est pour avoir guéri un infirme que nous comparaissons devant vous ; or il est de notoriété publique, et vous ne l'ignorez pas, que nous agissons au nom de Notre-Seigneur Jésus-Christ de Nazareth, que vous avez crucifié, et que Dieu a ressuscité d'entre les morts, Pierre Angulaire éternellement établie et que vous avez rejetée, quoiqu'en Lui seul réside l'espérance du salut. Sachez qu'aucun autre nom que le Sien ne peut sauver personne.

Devant ces deux Apôtres invincibles, en entendant ces fières paroles, en présence de ce boiteux guéri, vivant témoignage de la puissance Apostolique, les prêtres demeurèrent muets et ordonnèrent, pour délibérer, qu'on fit retirer les deux accusés.

— Qu'allons-nous faire de ces hommes ? se demandèrent-ils entre eux. Tout Jérusalem est témoin du prodige accompli par eux, c'est un fait évident que nous ne pouvons nier. Sommons-les de s'abstenir, désormais, de toute œuvre semblable parmi le peuple.

Et, ayant fait rentrer les deux Apôtres.

— Nous vous défendons, leur dirent-ils, de désormais prêcher et enseigner au nom de Jésus.

— Nous ne pouvons vous obéir, répondirent Pierre et Jean, ni taire ce que nous savons et ce que nous avons vu. Voyez, vous-même, si notre œuvre est juste à la face de Dieu et jugez s'il vaut mieux obéir à Dieu qu'aux hommes.

A cette réplique, le Conseil des prêtres se borna à renvoyer les deux Apôtres, ne sachant comment les punir et n'osant le faire à la connaissance du peuple qui proclamait à l'envi leur vertu.

Quelques instants après, Pierre et Jean, rendus à leurs frères, racontaient ce qui leur était arrivé et tous, élevant leur voix vers le ciel, chantèrent à Dieu ce cantique :

« Seigneur, toi qui as fait le Ciel, la terre, la mer et tous les êtres, toi dont l'Esprit-Saint a dit, par la bouche de David, notre père : « Vanité sur les frémissements des peuples ! inanité de leurs complots ! c'est en vain que les rois conjurés se sont levés, comme un seul homme, contre le Seigneur et son Christ ! » Et voici que dans cette cité, Hérode, Pilate et Israël, lui-même, se sont dressés contre Jésus, Ton Fils et Ton Oint, et sont forcés d'accomplir tes éternels décrets. Regarde-nous, Seigneur, et donne à tes serviteurs l'éloquence de la Foi pour répandre ton Verbe; étends ta main pour que la santé, les signes et les prodiges éclatent au nom saint de Ton Fils Jésus ! »

Et ayant ainsi prié, ils sentirent et témoignèrent par des discours pleins de foi que le Saint-Esprit était vraiment en eux.[1]

(1) Actes des Apôtres, chap. IV.

VII

LE JUGEMENT DE DIEU ET CELUI DE GAMALIEL.

L'Esprit-Saint n'avait encore fait, à la prière des Apôtres, que des prodiges de miséricorde, par leur ministère ; jamais, encore, ils n'avaient exercé le redoutable pouvoir de l'anathème qui leur avait été dévolu contre les impies par le divin Maître lui-même lorsqu'il leur avait donné la puissance d'En-Haut.

L'Eglise de Jérusalem allait apprendre avec éclat, combien l'hypocrisie était odieuse au Ciel.

Les fidèles étaient assemblés dans le Cénacle autour des Apôtres lorsqu'un homme, nommé Ananias, se présenta, porteur d'une bourse qu'il déposa aux pieds de Pierre, en lui disant qu'ayant vendu son champ pour entrer dans la communauté chrétienne avec son épouse, il en apportait le prix.

Pierre le regarda et la grâce qui l'éclairait lui fit voir que cet homme, avec la complicité de sa femme, avait bien vendu leur fonds de terre mais retenu par devers eux une partie de son produit, et il lui dit sévèrement :

— Pourquoi, Ananias, ton cœur a-t-il été tenté par Satan de mentir au Saint-Esprit ? Est-ce que tu ne pouvais pas garder ton champ et, l'ayant vendu, ne pouvais-tu pas en conserver tout le produit? D'où vient que tu as osé former en toi un tel projet? Sache-le donc, tu n'as pas menti aux hommes mais à Dieu même !

A peine l'Apôtre avait-il prononcé ces paroles, qu'aussitôt Ananias fut frappé de mort, à ses pieds, miracle qui terrifia tous ceux qui en furent les témoins.

Sur-le-champ, des jeunes gens de la communauté emportèrent le cadavre et l'enterrèrent.

Or, trois heures ne s'étaient pas écoulées que Saphira, l'épouse d'Ananias, arriva, à son tour, et Pierre lui dit :

— Dis-moi, femme, est-ce bien pour tel prix que vous avez vendu votre champ?

— Oui, répondit-elle, ignorante de ce qui venait de se passer.

— Vous avez donc essayé, tous les deux, de tenter le Saint-Esprit, lui dit Pierre, et voici que reviennent ceux qui ont enseveli ton mari, et c'est toi qu'ils attendent à la porte.

Aussitôt, Saphira tomba morte aux pieds des Apôtres, et les mêmes fossoyeurs l'enterrèrent auprès de son mari.

Et ce miracle remplit de crainte toute l'Eglise et tous ceux qui en entendirent parler et qui, tous les jours, étaient les témoins des nombreux prodiges qu'accomplissaient les Apôtres parmi le peuple et jusque dans le portique de Salomon qu'ils fréquentaient tous assidument.

Aussi, des multitudes, pénétrées de foi, accouraient de tous les environs de Jérusalem, apportant des infirmes et des malades que l'ombre seule du Prince des Apôtres guérissait en passant, comme il chassait les esprits impurs du corps des possédés.

De tels événements ne pouvaient manquer de transporter de colère les princes des prêtres et les Sadducéens.

Pleins d'un zèle hypocrite, ils firent jeter, de nouveau, les Apôtres en prison, se fiant à la solidité des chaînes et à l'impénétrabilité des murs et des portes gardés par les sentinelles.

Ils convoquèrent aussitôt tous les membres du Conseil du Temple, et, dès qu'ils furent réunis, ils envoyèrent chercher les prisonniers pour les amener devant eux.

Leurs envoyés arrivèrent bientôt à la prison qu'ils trouvèrent bien gardée et bien close et en firent ouvrir les portes.

Les cachots étaient vides! et, pendant ce temps là, on annonçait, d'autre part, au Conseil une stupéfiante nouvelle!

Les Apôtres étaient dans le Temple et ils enseignaient le peuple! un ange les avait miraculeusement délivrés de leurs fers!

Les princes des prêtres les envoyèrent alors chercher et, lorsqu'ils furent devant eux, amenés sans violence, dans la crainte d'exciter la colère du peuple :

— Nous vous avons défendu de prêcher au nom de Jésus, leur dit le souverain-pontife et voilà que, malgré nos ordres, vous remplissez Jérusalem de votre doctrine, chargeant nos têtes du sang de cet homme!...

— Nous vous le répétons, dirent alors les Apôtres, il vaut mieux obéir à Dieu qu'aux hommes. Le Dieu de nos pères a ressuscité Jésus que vous avez crucifié et Dieu l'a établi Seigneur et Sauveur pour la conversion d'Israël et la rémission de ses péchés, et c'est nous qui sommes les témoins de ses paroles devant l'Esprit-Saint que Dieu a envoyé à tous ses fidèles serviteurs.

— Il faut nous débarrasser de ces hommes et les faire mourir, se dirent entre eux les membres du Conseil, qu'en pensez-vous ?

Alors, l'un d'eux se leva; c'était Gamaliel, pharisien et docteur de la Loi, universellement honoré par le peuple.

— Faites retirer ces hommes, un instant, hors de la salle du Conseil, dit-il, afin que je vous parle.

On lui obéit, et, prenant la parole, le docteur de la Loi leur dit :

— Ecoutez-moi bien, hommes d'Israël, et prenez bien

garde à ce que vous allez faire concernant ces hommes là. Un jour, un nommé Théodat se prétendit investi d'une mission extraordinaire et recueillit près de quatre cents partisans ; on le mit à mort et il ne resta rien de lui, ni de son œuvre parmi ses partisans dispersés. Après lui, un certain Juda de Galilée séduisit le peuple à son tour, il périt et son œuvre se dissipa avec ses partisans dispersés.

« Aussi, voici ce que je vous conseille de faire : désintéressez-vous de ces hommes et laissez-les tranquilles ; s'ils agissent au nom d'un homme et si leur œuvre est humaine, elle s'évanouira d'elle-même ; mais si, au contraire, leur œuvre est celle de Dieu, vous vous serez élevés en vain contre la volonté divine. Voilà le conseil que la sagesse m'inspire de vous donner. »

Ayant ainsi parlé, Gamaliel se rassit et l'opinion de tout le Conseil fut qu'il avait sagement parlé.

Il ne fut plus question de mettre à mort les Apôtres, le conseil les fit battre de verges, leur renouvela la défense de prêcher au nom de Jésus-Christ, les renvoya joyeux d'avoir été admis à souffrir pour le Nom divin de leur Maître et plus ardents que jamais à répandre l'Evangile sur les places publiques et dans le Temple même.[1]

(1) Actes des Apôtres, chap. VI.

VIII

Quelques jours après, les principaux fidèles de l'Eglise de Jérusalem étaient rassemblés dans le Cénacle autour des Apôtres qui les avaient convoqués.

— Mes frères, dirent alors les Apôtres à la foule qui se pressait auprès d'eux, nous vous avons mandés afin de vous faire savoir que nous ne suffisons plus à l'exercice du ministère sacré, la prédication de la Bonne-Nouvelle absorbant une grande part de notre temps et de nos forces; aussi, nous avons voulu vous soumettre notre projet de choisir parmi vous sept hommes de réputation sainte sur lesquels il sera unanimement reconnu que le Saint-Esprit a répandu pleinement ses dons, afin que nous les constituions ministres des saintes œuvres et des Sacrés Mystères, pour en répandre les grâces dans tous les quartiers de Jérusalem. Que vous en semble?

Tous approuvèrent, sans réserve, la pensée des Apôtres et applaudirent à leur sage discours.

Sur-le-champ, sept noms furent prononcés par acclamation, comme les plus dignes de cet honneur.

Et, des rangs de la foule, sortirent alors : Stéphanus[1] connu pour la solidité de sa foi et les grâces que le Saint-Esprit avait répandues en lui, Philippe, Prochorus, Nicanor, Timon, Parmenas et Nicolas d'Antioche.

Ils s'avancèrent et vinrent s'agenouiller aux pieds des Apôtres qui, levant les yeux au ciel, prièrent Dieu de les assister et leur imposèrent les mains.

Ainsi, se fit l'ordination des sept premiers diacres de l'Eglise. Bientôt après, l'assemblée se sépara, bénissant Dieu de s'être donné, par leur entremise, des ministres dignes de Lui.

Parmi ces sept diacres, Stéphanus était déjà illustre. Connu comme un des premiers et des plus savants élèves de Gamaliel, la vue de sa conversion au Christ ainsi que ses prédications zélées et ouvertes, accompagnées de prodiges faits par lui avec la puissance du Saint-Esprit, avaient soulevé contre lui, dans Jérusalem, de sourdes colères, et il ne se passait pas de jour qu'on ne le maudît dans les synago-gues, en incitant contre lui et ses œuvres la colère du peuple.

Les synagogues étaient nombreuses[2] à Jérusalem, si l'on songe que les juifs de chaque contrée de la terre y avaient la leur ; parmi elles, celles des Libertins juifs de Rome dont les ancêtres avaient été faits esclaves par Pompée et emmenés en Italie, puis affranchis (d'où leur nom), et avaient formé à Rome des établissements sous la protection d'Auguste et de Tibère qui leur avait donné même le titre de citoyens ; celles des Cyrénéens, juifs dont les pères emmenés en Egypte et en Lybie par le premier Ptolémée, s'étaient établis à Alexandrie et avaient obtenu de grands privilèges des rois d'Egypte ; celles des Ciliciens et des Asiatiques dont les membres étaient

---

(1) Saint Etienne, premier diacre et premier martyr.

(2) On comptait à cette époque dans Jérusalem, environ quatre cent quatre-vingts synagogues diverses.

dans des situations analogues, toutes remplies de zélateurs fougueux de la Loi, se donnèrent la tâche de lutter pied à pied contre la parole que Stéphanus prodiguait avec une merveilleuse ardeur et une foi victorieuse dans les assemblées juives et sous les galeries du portique de Salomon.

Ennemis acharnés de Stéphanus, en qui parlait l'Esprit de Dieu dont la sagesse les exaspérait, furieux de voir leur réputation de science compromise et ébranlée aux yeux du peuple gagné de jour en jour à Jésus-Christ, ils ne reculèrent devant aucune excitation haineuse, pour se venger sur le saint diacre de l'abaissement de leur orgueil.

Et le moins acharné, parmi eux, n'était pas Saul, qui, débordant, lui aussi, de colère et de ressentiment, ne perdait pas une occasion d'attiser le feu de la persécution naissante contre l'Eglise de Jésus-Christ.

Impuissants à le convaincre d'un crime réel, les forcenés se servirent contre Stéphanus d'une arme terrible quand elle est mise aux mains du peuple ignorant et crédule : la calomnie. Bientôt, dans tout Jérusalem, le saint diacre passa pour un blasphémateur reniant publiquement Jéhovah et Moïse, et poussant l'audace jusqu'à assurer que Jésus de Nazareth détruirait le Temple et changerait la Loi.

Changer la Loi! détruire le Temple surtout, cette véritable merveille du monde, objet d'admiration et de vénération universelles, monument unique que les juifs ne nommaient qu'avec orgueil et qui était à leurs yeux le boulevard intangible de leur intégrité nationale, le centre de la religion, le lien le plus solide de la nation et le palladium des futures espérances d'empire universel dont Israël se berçait avec tant d'amour; affirmer la supériorité de Jésus-Christ sur Moïse, c'était blesser au cœur le juif de toute sorte, d'une atroce et profonde blessure que pouvait, seul, fermer le sang du téméraire prédicateur de semblables doctrines!

Le peuple entier était pris au mirage subtil et habilement

éclairé de ces calomnies pharisiennes; et une étincelle allait suffire pour allumer un immense incendie, tant les esprits étaient surexcités, à Jérusalem, depuis la prédication de l'Evangile par les apôtres, les uns, tout ardents de proclamer la Foi nouvelle dans toute sa merveilleuse grandeur confirmée par les prodiges, les autres, dans toute la rage de voir s'écrouler autour d'eux toutes les forteresses d'une loi ancienne abrogée par Dieu lui-même.

Aussi, ces prémices de tempêtes qui chargeraient de nuages menaçants l'horizon apostolique, faisaient sentir, déjà, leur influence parmi les fidèles de l'Eglise de Jérusalem.

Si les pasteurs, fermes dans leur foi, confiants dans celui qui leur avait donné tout pouvoir et toute force, restaient iné branlables au poste du combat, sachant que le monde ne pourrait triompher de Celui qui l'avait vaincu, les fidèles étaient remplis de douleur à la vue des dangers qu'allaient courir ceux auxquels ils devaient leur régénération après Jésus-Christ.

Rien n'interrompait, néanmoins, les réunions du Cénacle, où, quoique la maison fût bien connue des Juifs, les assemblées étaient toujours de plus en plus nombreuses pour l'oraison, l'instruction ou la célébration de la Cène du Seigneur.

. . . .

Adossé à la corniche du tombeau de David, un pharisien drapé dans son manteau aux houppes violettes, orné de larges totaphots, regardait d'un œil irrité s'écouler le flot des fidèles qui se dispersaient par toutes les rues du quartier de Sion.

Quand Stéphanus sortit, à son tour, le visage rayonnant d'une céleste joie, le pharisien s'approcha de lui et, touchant l'épaule du jeune diacre :

— Stéphanus, lui dit-il d'un ton sévère, que penserait de toi Gamaliel s'il se trouvait comme moi à même de te voir sortir de ce repaire de Galiléens sans aveu qui portent le trouble et le désordre partout où ils répandent le néfaste incendie de leurs séditieuses paroles? Comment, toi qui aurais pu devenir une des lumières du judaïsme, comme j'espère, moi-même, en être une un jour, as-tu pu égarer ton cœur et ton esprit dans la pratique d'une doctrine insensée! Reviens au temple d'Adonaï et laisse-là ces séditieux que guettent la prison et la mort.

Le jeune diacre regarda son interlocuteur d'un œil où nul étonnement et nulle colère ne se peignaient et répondit :

— Saul, je n'ignore pas les sentiments cachés de ton cœur qui, bientôt, éclateront au grand jour. Est-ce bien le « zèle de la maison du Seigneur qui te dévore? » Sonde ton cœur et demande-toi s'il est juste de reprocher à des hommes remplis du Saint-Esprit, la sainte conscience de la vérité et de la lumière, comme témoins, du Seigneur Jésus-Christ, et médite sérieusement sur sa divinité reconnue et établie par Jéhovah lui-même.

Saul fixa sur Stéphanus son regard d'aigle farouche et, d'une voix terrible, il s'écria, citant le texte de la Loi :

— « Tu auras soin de m'obéir, Israël, sans rien ajouter ni retrancher à Ma Loi, a dit l'Eternel à son peuple. S'il s'élève au milieu de toi quelque prophète ou visionnaire, qui, avec des miracles, t'engage à suivre des dieux inconnus de toi, tu n'écouteras point ce prophète ni ce visionnaire, car c'est l'Eternel qui t'éprouve pour savoir si tu aimes l'Eternel ton Dieu, de tout ton cœur, de toute ton âme.... Tu assommeras de pierres ce prophète et ce visionnaire, fut-ce ton intime ami, ta femme aimée, ton fils ou ta fille. Si tu ne prends pas garde aux paroles de cette loi, en craignant le nom glorieux et terrible de l'Eternel ton Dieu, alors, l'Eternel te frappera, toi et ta postérité, il prendra plaisir à te faire périr et à t'exterminer. C'est moi qui te dis cela, moi Johah l'Eternel![1] »

---

(1) Deutéronome, xii, 32. xiii, 1 et suiv. xxviii, 58 et suiv. Telle était, en effet, la loi de Moïse dans son texte implacable, et c'était en vertu de ce texte que les Juifs avaient crucifié Notre-Seigneur et se préparaient à faire de nombreux martyrs

Au même instant, un grand tumulte se produisit dans les rues du quartier, près de la maison de Caïphas, voisine de la porte de Sion par laquelle une foule de forcenés se précipitèrent, avec de grands cris de haine.

— Le voilà! criaient-ils, c'est lui, le blasphémateur, le contempteur d'Adonaï et de Moïse, le destructeur du Temple, qui veut anéantir notre nation! A mort! Lapidons-le!...

Déjà la foule cherchait des pierres, lorsque les meneurs de la troupe, qui excitaient sa colère contre Stéphanus, se mirent entre lui et ses agresseurs, non pour le défendre, mais pour expliquer que ces crimes appelaient une condamnation régulière frappant, à la fois, sa doctrine et sa personne.

Saul se joignit à eux et tous crièrent :

— Au Conseil! menons-le au Conseil!

Le grand-prêtre Joseph Caïphas, que Vitellius, gouverneur de la Syrie, n'avait pas encore destitué du pontificat, informé qu'on lui amenait Stéphanus, rassembla le Conseil à la hâte et monta sur son tribunal pour juger l'accusé.

En un clin d'œil, la vaste salle fut remplie de Pharisiens, de Sadducéens, de Scribes et de prêtres et, parmi les clameurs de la foule à peine contenue par les gardes du Temple, Stéphanus s'avança pour présenter sa défense et proclamer la justice de la cause de Jésus-Christ.

---

parmi ses disciples. Aussi, nous voyons saint Pierre et les apôtres avoir toujours soin, en proclamant la divinité de Notre-Seigneur Jésus-Christ, de bien avertir les Juifs que, s'ils prêchaient Jésus-Christ et sa divinité, c'était parce que le Saint-Esprit leur avait révélé que Jésus-Christ avait été fait *Seigneur* par Jéhovah lui-même. « *Et Dominum et Christum eum fecit Deus hunc Jesum quem crucifixistis* » Actes II, 36. Mais les pharisiens dont ces textes servaient la tyrannie se gardaient bien d'ouvrir les yeux sur leur abrogation providentielle pourtant prédite par tous les prophètes.

IX

Quand les faux témoins eurent déposé contre lui, le Grand-Prêtre s'adressant à Stéphanus lui dit :

— Réponds-moi, sur les accusations dont on te charge et justifie-toi, si tu le peux.

Une clarté céleste illuminait le visage du saint diacre et, sans plus de ménagements que n'en prenait autrefois son divin Maître devant les mêmes artisans d'iniquité :

— Ecoutez-bien, leur dit-il, vous, mes frères, et vous, mes pères, ce qui est arrivé depuis le jour où la gloire de Dieu s'est révélée à notre père Abraham, en Mésopotamie, dès avant son séjour à Haran, lorsque le Seigneur lui ordonna de quitter son pays et sa famille, pour lui désigner un héritage en possession duquel vous êtes à cette heure.

Et, avec clarté et brièveté, il leur retraça toute l'histoire d'Israël, l'origine divine de la circoncision, la généalogie et les actions des Patriarches, l'oppression du peuple par le Pharaon, la naissance de Moïse sauvé miraculeusement des eaux du Nil par la fille du roi, ses études dans les foyers de la science et de la sagesse égyptiennes, sa puissance en œuvres et en paroles, sa vocation et le grand désir qui remplit son cœur, à l'âge de quarante ans accomplis, d'arracher

Israël à la servitude et de le venger de l'oppression égyptienne et le refus de ses frères de croire à la mission de salut pour laquelle le Seigneur avait armé son bras.

Il leur montra Moïse, médiateur entre les débats de ces hommes de sa race qui le récusaient comme arbitre. Il leur raconta sa fuite au pays de Madian où il vécut comme un proscrit et eut deux fils et le miracle du buisson, enflammé par un ange dans le désert du Sinaï, à la quatre-vingtième année de son âge, et la parole qui en sortit pour lui dire :

« Je suis le Dieu de tes pères, le Dieu d'Abraham, d'Isaac et de Jacob ; défais ta chaussure, car le sol que tu foules est une terre sainte. La douleur de mon peuple est venue jusqu'à moi et je suis descendu pour le délivrer ; va en Egypte pour opérer cette œuvre ! »

— Et c'est ce Moïse qu'ils avaient rejeté en lui demandant d'où il tenait son pouvoir, s'écria Stéphanus, que Dieu établit, par la force de son bras, prince et juge sur eux, rédempteur et sauveur, qui terrifia l'Egypte de prodiges, fit passer la Mer rouge à vos pères et les conduisit quarante ans dans le désert. C'est ce Moïse qui a dit aux enfants d'Israël : Dieu suscitera du milieu de vos frères un prophète plus grand que moi et vous l'écouterez, car c'est celui-là même qui a parlé dans le buisson ardent et avec nos pères, désireux de nous donner les paroles mêmes de la Vie Eternelle.

Le Sanhédrin, tout entier, écoutait Stéphanus avec attention et nul ne songeait à contester des paroles qui étaient l'histoire même d'Israël.

Il poursuivit en montrant Aaron faisant des dieux et des idoles à la demande du peuple, en l'absence de Moïse, et la colère de Dieu qui leur annonça les tribulations d'une nouvelle captivité, dans les pays de Babylone.

— Le Tabernacle du Témoignage, dit-il alors, répondant à l'accusation formulée contre lui et ayant le Temple pour objet, voyageait avec nos pères dans le désert, et, jusqu'aux jours de Salomon, Dieu attendit un Temple dont il n'a pas besoin, car le Très-Haut n'habite pas dans les édifices faits de main d'homme, Lui qui a dit, par la bouche du prophète : « Mon trône est au Ciel et la terre est l'escabeau de mes pieds ! Quelle maison pourriez-vous bien me bâtir et dans quel lieu pouvez-vous espérer que je puisse habiter? N'ai-je pas fait toutes choses? » Hommes à la tête dure, incirconcis de cœur et d'oreilles, insensibles aux miracles et à l'inspiration du Saint-Esprit, comme vos pères; qui les connaît, vous connaît! Quel prophète n'ont-ils pas persécuté? Ils ont tué ceux qui leur prédisaient l'avènement du Juste, oui, du Juste que vous avez livré et dont vous êtes les meurtriers, vous qui avez reçu la Loi par la médiation des anges et qui ne l'avez jamais observée!

. . . .

Devant la sévérité de ce discours, la colère du Sanhédrin fut à son comble et la rage qui leur desséchait le cœur, les faisait écumer et grincer des dents.

Mais Stéphanus, sans prendre garde à leur fureur, s'écria, les yeux levés au ciel et la face baignée d'extase :

— Je vois les Cieux ouverts et Jésus, le Fils de l'Homme, assis à la droite même de Dieu![1]

— C'en est trop! s'écrièrent-ils en se levant avec tumulte et en se jetant tous comme des forcenés sur Stéphanus, tu seras puni de tes blasphèmes! Hors de Sion!... Hors de Sion!... A mort!... Lapidez-le!...

Le martyr, condamné d'avance, fut saisi par une troupe de bourreaux à la tête desquels marchait Saul, farouche comme un justicier,[2] parmi ses accusateurs qui, selon la loi, devaient l'accabler des premières pierres.

____

(1) Actes des Apôtres, chap. VII.

(2) Actes des Apôtres, VII, 59. Saul, disent les Actes, avait donné son approbation à la mort de saint Etienne. Plus tard saint Paul s'en est accusé amèrement dans ses épîtres.

L'usage était de lapider les blasphémateurs hors de la ville, afin qu'elle ne fût pas souillée par le sang des coupables. Obéissant à cette coutume, ils entraînèrent le saint diacre hors des murs, au delà de la porte qui regardait l'aquilon, en un endroit pierreux à la distance d'un stade vers le torrent de Kidron.

Là, les témoins retirèrent leurs manteaux qu'ils déposèrent auprès de Saul, commissaire délégué du Sanhédrin, pour présider à l'exécution, et, ramassant de lourdes pierres ils se mirent en devoir d'en accabler le martyr.

Stéphanus, pendant ce temps-là, invoquait le Ciel en disant :

— Seigneur Jésus, recevez mon esprit !

Et, s'étant mis à genoux, il s'écria d'une voix forte :

— Seigneur, je vous en prie, ne leur imputez pas ce péché !

Et son regard allait, plein de douceur, à Saul son condisciple et son ancien ami, comme pour lui dire :

— Repens-toi, Saul ! et deviens grand et saint, par la vertu du Seigneur miséricordieux ; car ma prière est faite pour toi et je vais la continuer à ton intention auprès du Seigneur Jésus !

Ayant achevé cette prière touchante, la même qui, jadis, s'était exhalée des lèvres mourantes du Christ crucifié, Stéphanus s'endormit en paix dans le Seigneur.[1]

. . . .

Lorsque Stéphanus eut rendu le dernier soupir et que la rage de ses bourreaux se fut ainsi assouvie, tous se retirèrent laissant sur la place le corps du martyr qui, selon la loi, devait rester sans sépulture exposé à la voracité des bêtes.

Cette mort avait rempli de douleur toute l'Eglise de

---

(1) Baronius qui a discuté le temps du martyre de saint Etienne soutient qu'il faut retenir avec soin la tradition ecclésiastique qui le place au 26 décembre. *Annal.*, t. I.

Une clarté sans égale embrasa le ciel au-dessus de leur tête,
environna le rabbi et ses compagnons, qui, tous,
tombèrent terrassés par une invincible force... (P. 125.)

Jérusalem et les apôtres eux-mêmes étaient pris de frayeur[1] devant la violence de la tempête qui se préparait. Nul n'osait relever la dépouille du martyr pour lui rendre les honneurs de la sépulture, car il eut fallu aller réclamer le corps de Stéphanus aux pouvoirs même de Jérusalem.

Mais la Providence veillait sur les restes du confesseur et ne permit pas qu'aucune injure lui fut faite par les bêtes des champs et des airs. Dieu inspira à Gamaliel une grande compassion pour son ancien disciple, martyr du Christ, en lui donnant, peut-être, en même temps, le désir d'avoir part à la foi et aux récompenses célestes de ce saint homme ; il fit venir secrètement quelques bons chrétiens qu'il connaissait, les encouragea, leur promit son appui et leur fournit les choses nécessaires pour aller, pendant la nuit, enlever le corps.

Le docteur de la Loi poussa même plus loin la sollicitude.

En effet, le corps de Stéphanus relevé par quelques-uns de ses frères chrétiens, fut placé dans le propre chariot de Gamaliel et conduit ainsi dans sa maison des champs, à vingt milles de Jérusalem, à Caphar-Gamala, puis déposé dans le propre tombeau du docteur du Temple, creusé dans une grotte tournée vers l'orient.

Et ce fut ainsi que, par les soins d'un pharisien touché secrètement de la grâce, le premier martyr du Christ eut de belles funérailles et fut pleuré solennellement dans un deuil qui dura quarante jours.[2]

(1) D'après le témoignage de saint Luc (auteur des Actes) qui les appelle des hommes timorés, viiii, 2.

(2) D'après la relation même de Gamaliel apparaissant à saint Lucius pour lui indiquer le lieu où se trouvait le corps de saint Etienne et le sien. *(Epistola de revelatione corporis S. Stephani.)*

X

PERSÉCUTION.

Cependant, la mort de Stéphanus ne calma pas la fureur des ennemis de Jésus-Christ. Au contraire, le sang du martyr sembla enflammer davantage leur rage; tels des tigres farouches qui, après avoir goûté au carnage en deviennent plus féroces, ivres de la vue du sang, ils résolurent d'anéantir le nom chrétien.

L'Eglise de Jérusalem, dont tous les membres étaient des juifs convertis à la Foi, faillit sombrer sous les efforts de cette furieuse tempête et tous ses fidèles se dispersèrent rapidement dans toutes les régions de la Judée et de la Samarie.

Seuls, les apôtres, inébranlables dans leur vaillance, en dignes témoins de Jésus-Christ, élus de Dieu lui-même pour la grande œuvre de l'apostolat nouveau, restèrent fermes et courageux sur le vaisseau battu par l'orage.

Plusieurs des nouveaux fidèles s'enfuirent, les uns en Phénicie, les autres à Chypre, d'autres à Antioche, un certain nombre jusqu'à Damas.[1]

Mais cette tempête, elle-même, était dans les desseins de la Providence. De même que le vent du ciel emporte à de

(1) Actes VIII, 4 et suiv. IX, 19. XXII, 12.

grandes distances les semences des arbres et en propage au loin la fructification sans le secours de la main des hommes, ainsi la semence de la Foi nouvelle fut dispersée aux quatre vents du ciel et jetée à la volée par le divin Agriculteur dans les sillons du monde.

Flambeaux allumés dans Jérusalem par la flamme de l'Esprit-Saint, dit saint Augustin[1] dans ses discours, les Juifs dispersèrent les disciples fugitifs, dans l'espoir d'éteindre la flamme ardente de leur foi ; mais ils ne devaient réussir qu'à propager dans l'univers l'incendie du salut en communiquant partout le feu dont ils étaient embrasés, et se faisant, eux-mêmes, par la persécution, les involontaires propagateurs de l'Evangile dans les pays lointains.

Hommes convaincus de la vanité des choses terrestres, instruits dans la science de leur patrie céleste et de leur divin héritage, n'ayant pour tout bien sur cette terre que l'amour de Jésus crucifié, les disciples qui s'étaient volontairement dépouillés de leurs biens en faveur de l'Eglise naissante, avaient brisé tous les liens de leurs intérêts humains et pouvaient quitter sans regret une cité souillée de crimes contre le Ciel et contre la terre.

D'ailleurs, une terrible espérance conduisait leurs pas ; l'air était plein de présages sanglants et de cliquetis d'armures, le vent des catastrophes, soufflé par la justice de Dieu, balayait déjà la poussière des chemins du monde et ils croyaient volontiers à la conflagration prochaine de cette terre à laquelle le Maître avait prédit l'imminence du châtiment, dans les grandes représailles de son définitif avènement.

Conquérants sans armes et sans cuirasses de fer, ils s'en allaient à travers les cités, répandant la parole de Dieu et les dons du Saint-Esprit sur tous les prédestinés dociles au salut.[2]

---

(1) Sermons, cxvi, 6 et cccvi, 4.
(2) *Dispersi pertransibant, evangelizantes verbum Dei.* Actes viii, 4.

Mais ces conquérants étaient ceux auxquels la jeunesse permettait les fatigues des voyages et de l'exil. L'armée de ces hommes forts laissait derrière elle des épaves résignées à subir la colère de la tempête; c'étaient des vieillards, des femmes, des enfants, obligés de rester à Jérusalem où, seuls avec les apôtres, quelques hommes valides demeuraient attachés par des raisons péremptoires et des motifs graves.

C'était sur ce frêle troupeau que, selon la parole de la Génèse,[1] allait s'exercer la fureur du loup benjamite avide de s'en partager les dépouilles.

Jusqu'ici, toutefois, la persécution contre le Christ de Dieu et ses saints n'avait été que sourde et dissimulée sous le masque des émeutes populaires, au nom de la Loi de Moïse; on n'avait pas songé à l'organiser sur un pied administratif et judiciaire car, le gouvernement du Sanhédrin placé sous le contrôle de l'autorité romaine, était un pouvoir moral dépourvu de sanction et qui avait perdu le droit de vie et de mort, gardant seulement celui de l'emprisonnement et de la flagellation dans les synagogues;[2] ce n'était, en effet, que par exception que Rome tolérait une lapidation de temps en temps, comme exutoire à la colère spontanée et au caractère violent du peuple.

Il fallait au Sanhédrin un homme de caractère impitoyable, sachant organiser la cruauté et la police des ténèbres, capable d'exercer sans pitié les pleins pouvoirs du mal pour le triomphe d'une cause perdue devant Dieu et devant les hommes. On cherchait cet homme; il se présenta de lui-même.

Saul fut investi, pour la persécution, des pleins pouvoirs et de l'autorité des pontifes.[3]

L'ère des martyrs était désormais ouverte.

(1) Genèse, XLIX.

(2) Actes, XXVI, 10, 11, 12.

(3) Actes, XXVI, XXII, 19, 20. Philipp. III, 6, 11, 12.

DEUXIÈME PARTIE

LA VOIX DU TONNERRE

I

LA ROUTE DE SAMARIE.

Après Jérusalem, la première cité désignée pour recevoir
la nouvelle éclatante de l'Évangile était bien Samarie, ville
à jamais célèbre dans l'histoire des convulsions religieuses et
sociales du peuple juif.

Ce fut à Samarie que le diacre Philippe,[1] pendant que la
persécution sévissait à Jérusalem, vint annoncer la Bonne
Nouvelle de Jésus-Christ.

De Jérusalem on allait à Sébaste[2] par les routes merveilleuses de la Galilée sans cesse sillonnées par la foule des
voyageurs et pleines de souvenirs bibliques les plus grands.

Ici les tombeaux des rois, entourés de bosquets de pâles
oliviers, forment la première étape de la route qui, par des

---

(1) Elu diacre en même temps que saint Etienne et qu'il ne faut pas confondre
avec l'apôtre Philippe.

(2) Sébaste était le nom grec que portait alors Samarie restaurée par Hérode-le-
Grand, avec magnificence et dédiée à l'empereur Auguste. Sébaste signifiait
« Auguste » en grec.

pentes rocailleuses, conduit le voyageur à la hauteur de
Sapha sur laquelle le grand-prêtre Jaddus s'arrêta lorsqu'il
vint à la rencontre d'Alexandre-le-Grand, roi de Macédoine,
en marche contre Jérusalem pour la punir de sa fidélité à la
cause de Darius.

Là, le héros macédonien, frappé d'un mystérieux respect
en lisant sur la bandelette d'or de la tiare du grand-prêtre le
nom : SAINTETÉ DE JAOUH ! s'était prosterné dans la poussière
adorant l'ETERNEL, et, traversant Jérusalem en fête, parmi la
musique, les fleurs et les parfums, tenant par la main le
souverain pontife, il était allé dans le Temple offrir des
sacrifices à Jéhovah.

Terre foulée par les patriarches et les prophètes, véritable
voie sacrée tant de fois parcourue par la sainte famille, par
Jésus et les Apôtres quand ils allaient de Judée en Galilée ou
en revenaient, chaque montagne, chaque cours d'eau, la
moindre parcelle de terrain porte des souvenirs historiques,
que le regard se promène des rochers brûlés aux vallons
verdoyants, car, si la Judée est rocailleuse et aride, le pays
d'Hebron, la plaine du Jourdain, la Samarie et la Galilée
sont un véritable paradis terrestre.

A deux heures de Jérusalem, c'est Gabaa, célèbre par la
mort tragique de la femme du lévite d'Ephraïm qui divisa
son cadavre en douze parts qu'il envoya, suprême appel à la
vengeance, aux douze tribus d'Israël qui se leva tout entier
contre Gabaa et extermina, presque, la tribu de Benjamin
dont cette ville faisait partie et qui lui avait accordé son
appui dans une cause injuste et criminelle.

Au loin, la cité d'Ephraïm où Jésus se retira après avoir
ressuscité Lazare, pour se dérober à la haine des Juifs, et
Gischala de la tribu de Benjamin, près de laquelle, selon la
tradition, Marie et Joseph revenant de Jérusalem, après les
fêtes de Pâques, s'aperçurent que Jésus n'était plus avec
eux, le demandèrent en vain à tous les groupes de la cara-

vane, et furent obligés de retourner à Jérusalem le rechercher au Temple où il confondait la sagesse des docteurs.

Plus loin, Beeroth des Gabaonites, sur la terre antique de Bethel où Abraham érigea un autel pour remercier le Seigneur qui venait de lui promettre pour sa postérité la terre de Chanaan; Bethel où dormit Jacob allant en Mésopotamie pour fuir la colère d'Esaü, son frère, et où il vit dans un songe merveilleux, l'échelle par laquelle les anges montaient et descendaient du ciel à la terre et de la terre aux cieux; sol consacré par la promesse renouvelée par le Seigneur de multiplier la postérité d'Abraham comme le sable du rivage de la mer; terre marquée par la pierre qui avait servi d'oreiller à la tête du patriarche et sur laquelle il avait versé de l'huile, en consacrant ce lieu terrible du nom de « Maison de Dieu et porte du Ciel. » Là le patriarche s'était arrêté de nouveau en revenant de la Mésopotamie et avait reçu le nom d'Israël à la suite de sa lutte avec l'ange du Seigneur.

En ce lieu était morte Deborah, nourrice de Rebecca, et ses ossements reposaient sous un chêne.

C'était là qu'avant la construction du Temple de Jérusalem, les Israélites venaient adorer le Seigneur. Samuel, le prophète, y rendait la justice au peuple.

Là, aussi, le schisme de Jéroboam avait élevé un veau d'or et la malédiction des prophètes appela sur la place de cet autel sacrilège, les chardons et les épines.[1]

Plus loin, c'était Silo de la tribu d'Ephraïm où fumèrent les holocaustes,[2] devant l'arche déposée en ce lieu, sous une tente, en attendant que Josué fît avec l'assentiment du peuple, le second partage de la terre promise.

---

(1) Selon la parole du prophète Osée.

(2) Du temps de saint Jérôme, il ne restait de Silo que des ruines informes parmi lesquelles on montrait des débris de maçonnerie que l'on croyait être les restes des fondements de l'autel des holocaustes.

Là, la mère de Samuel avait offert son fils à Dieu, afin qu'il grandît à l'ombre du Tabernacle. Là, Dieu avait fait entendre sa parole à Samuel et l'avait chargé de reprocher sa faiblesse au grand-prêtre Héli dont les enfants étaient, par leur inconduite, une cause de scandale pour le peuple, avertissement inutile qui déchaîna la colère du Seigneur ; car, dans un combat contre les Philistins, l'Arche d'Alliance fut prise par l'ennemi, tandis qu'Ophni et Phinéès qui la portaient, périssaient dans la mêlée et que le Grand-Prêtre, informé de cette nouvelle funeste, tombait de son siège à la renverse et se brisait la tête en face des hauteurs de Silo désormais abandonnées du tabernacle du Seigneur.

Ici, Jacob avait acheté un champ et creusé un puits. Dans ce champ légué par lui, en héritage, à Joseph, les Israélites avaient déposé les ossements de ce fils préféré du patriarche, après les avoir emportés avec eux dans leur fuite de la terre d'Egypte.

Sur ce puits, Jésus s'était assis pendant que ses disciples allaient à Sichem acheter des vivres, et il avait demandé à boire à la Samaritaine en lui promettant, en échange, une eau mystérieuse qui rejaillit jusqu'à la vie éternelle.[1]

Voici l'Hébal stérile et le Garizim fertile, sur les pentes desquels, par l'ordre de Moïse, après le passage du Jourdain, Josué partagea les douze tribus, parmi les prêtres, les lévites, les juges et les anciens du peuple devant l'arche d'alliance placée au centre de la vallée de Sichem, en regard d'un autel élevé sur le sommet de l'Hébal et sur lequel fumèrent l'encens et l'holocauste, tandis que Josué, debout sur une éminence, proclamait les bénédictions du Seigeur sur Israël fidèle à la

____

(1) Une légende veut que cette Samaritaine, sous le nom de Photiné, ait exercé l'apostolat en Afrique et converti au christianisme la ville de Carthage, sous le règne de Néron. Sainte Hélène avait fait bâtir une église, maintenant ruinée, au-dessus du puits de Jacob aujourd'hui fermé au raz du sol par deux grosses pierres et à moitié comblé.

Loi et appelait les malédictions de l'Eternel sur ses violateurs.

Et les prêtres rangés autour de l'Arche avaient crié vers Garizim :

— Béni soit celui qui n'adorera pas les dieux étrangers !

Et une immense clameur avait répondu :

— *Amen !*

Puis, se tournant vers l'Hébal ils avaient dit :

— Maudit soit celui qui adorera les idoles !

Et un formidable cri avait répondu :

— *Amen !*

Et les acclamations de tout un peuple enthousiasmé avaient frappé les échos des montagnes, roulant comme un fracas de tonnerre répercuté par tous les abîmes. Evénement unique dans l'histoire, montrant six cent mille hommes prenant possession de leur patrie et, dans un transport religieux inénarrable, se liant, eux et leur postérité, par des serments redoutables, à observer les préceptes divins jusqu'à la fin des siècles.[1]

Mais en Sichem devaient fleurir le schisme et l'hérésie. C'était là qu'à la mort de Salomon, Roboam avait assemblé le peuple pour se faire proclamer roi, ce fut là, aussi, que les dix tribus irritées des procédés injustes du jeune prince, s'en séparèrent et consommèrent le schisme en élisant Jéroboam qui y établit la capitale du royaume d'Israël, origine de vives antipathies qui n'étaient pas éteintes, comme en témoigna la réponse de la Samaritaine étonnée que Jésus lui parlât au bord du puits de Jacob :

— « Vous me parlez, Seigneur, et pourtant les Juifs détestent les Samaritains. »

A cette époque, Sichem et Samarie avaient fait place à Sébastieh, la ville d'Auguste, restaurée par Hérode-le-Grand qui en avait agrandi l'enceinte, y avait construit un Temple

(1) Bourassé. *La Terre Sainte.*

magnifique et s'y était fait bâtir un palais superbe.

Il n'avait pas transformé, cependant, l'esprit des habitants ; l'orgueilleuse Samarie vivait toujours de sa vie schismatique, ennemie de Jérusalem, opposant ses autels à ceux de Sion, interprétant les Écritures à son profit et proclamant que, selon la prophétie de Jacob qu'ils s'appliquaient à eux-mêmes, le Messie sortirait d'Ephraïm et naîtrait parmi eux pour y restaurer à jamais le culte.

C'était là que le diacre Philippe venait d'arriver pour annoncer Jésus crucifié, c'était là aussi qu'un imposteur, Simon le magicien, père des hérésies, essayait de se faire passer pour le Messie qui était espéré d'Ephraïm.

II

LE FAUX MESSIE.

Le soleil s'inclinait à l'horizon, laissant à la fraîcheur du soir le soin de venir réparer ses ardeurs, en versant sur les jardins et les maisons de Sébaste la paix du soir.

La population que les heures chaudes de la journée avaient tenue renfermée dans ses demeures, sortait en foule, vêtue de ses habits flottants aux couleurs chatoyantes et aux formes diverses, indiquant la nationalité ou les accointances judaïques, grecques ou romaines de ceux qui les portaient.

Les grecs et les romains promenaient leur indolence sceptique à travers les rues de la ville et présentaient l'aspect de gens dont le seul bonheur est de se laisser vivre dans une nature enchantée, et, d'un œil indifférent plutôt que railleur, ils regardaient se presser la foule israélite qui se dirigeait vers les abords du Temple avec l'empressement de gens qui courent à un spectacle longtemps attendu.

C'est, qu'en effet, une grande nouvelle remuait depuis plusieurs jours les esprits.

— Ce qu'on dit est-il donc vrai? demandait l'un.

— Des signes ont paru, répondait un autre et le temps est venu où les prophéties vont être accomplies.

— Nos espérances sont-elles enfin comblées?

— Oui, le Messie s'est levé d'Ephraïm sur Sichem ; on le nomme Simon et, depuis quelque temps, il parle parmi nous et opère des prodiges.

Déjà les portiques du Temple étaient remplis de spectateurs et la foule grossissait à vue d'œil, lorsqu'un homme de forte taille, aux traits vulgaires, à la figure encadrée d'une barbe épaisse s'avança à travers la foule qui s'écartait avec considération.

— C'est lui! c'est lui! cria-t-on de toutes parts, voilà Simon, le Messie attendu qui s'est levé d'Ephraïm et qui va parler parmi nous!

Cependant, l'homme s'avançait toujours avec une dignité affectée.

Quand il fut près des portiques, il monta sur une élévation de pierre et parla à la foule silencieuse : « Il était le Messie, envoyé par Jéhovah, pour la restauration et la rénovation du culte éternel à Sichem ; par lui, Samarie allait enfin devenir le centre de la religion renouvelée, le piédestal où la gloire d'Elohim allait s'asseoir à jamais, abandonnant pour toujours les murailles de Sion, vouée à la ruine et le Temple de Jérusalem livré aux disputes insensées des pharisiens orgueilleux et criminels. »

Et, selon son habitude, le jongleur fourbe assisté par la puissance des ténèbres, annonça qu'il allait faire des prodiges.

Le peuple haletant était tout yeux et tout oreilles.

Le magicien prononça des paroles cabalistiques, fit des simagrées incompréhensibles, regarda les quatre points cardinaux et cria :

— Voilà, voilà la vertu du ciel qui descend sur le Messie d'Ephraïm!

Au même instant, le tonnerre gronda dans un ciel serein et sans nuage, des formes enflammées tourbillonnèrent au-dessus de sa tête et des sons d'instruments passèrent dans l'air, enivrant les oreilles hallucinées des spectateurs qui se mirent à crier :

— Voilà la vertu de Dieu! la grande vertu de Dieu! Gloire à Simon! Gloire à notre Messie!

Et des mères lui tendaient leurs enfants, des vieillards bénissaient le jour de ce prodige, tandis que des aveugles, des boiteux, des paralytiques, faisaient retentir l'air de pressantes prières, implorant, du prophète nouveau, la guérison de leurs infirmités.

Mais Simon se gardait bien d'essayer son pouvoir sur eux, sachant bien que la puissance qu'il tenait de l'enfer était incapable de produire autre chose que des prestiges vains comme la fumée de l'illusion.

Cependant, la foule criait :

— Guéris-les, Simon! Rends-leur la santé, fais ce miracle, ô notre Messie!

Mais l'imposteur restait muet.

Soudain, un homme aux vêtements poudreux, portant sur son visage une radieuse noblesse, fendit la foule et s'approcha du magicien.

Celui-ci le vit et son cœur se serra, car il pressentit que cet homme était plus fort que lui.

— Entends-tu, lui dit-il, la prière de cette foule? Que vas-tu faire de ses supplications, toi qui te dis la vertu du Très-Haut, ne vas-tu pas guérir ces malheureux comme tu dois en avoir la puissance d'après ce que tu dis?

Et, s'adressant à la foule, le diacre Philippe, car c'était lui, dit au peuple rassemblé :

— Vous attendez le Messie, et le Messie est venu; sachez qu'il est né en Juda selon les prophètes et que l'Elu du Seigneur s'est levé de Seïr! Il a paru en Galilée, il a été livré en Jérusalem où il a été crucifié par les prêtres, puis il est ressuscité d'entre les morts, il est monté au ciel devant ses disciples pour témoins, après leur avoir laissé la tâche de l'annoncer à Israël et aux nations. Celui-là a fait vraiment des miracles, car il est le Fils de Dieu et lui seul peut éclairer vos cœurs et guérir vos infirmes. Nous, ses disciples, nous avons reçu de Lui les pouvoirs de la Vie et pour prouver notre mission nous répandons les vrais miracles de Seigneur !

Et, s'adressant aux aveugles, aux boiteux, aux paralytiques, devant la foule muette d'étonnement :

— Que vos yeux s'ouvrent ! leur dit-il, que vos jambes se redressent ! que vos membres reprennent la vie ! soyez guéris au nom de Jésus-Christ et croyez à l'avènement du salut que je vous prêche.

A peine avait-il parlé que les aveugles virent, les boiteux marchèrent et les paralytiques sortirent de leurs lits en bondissant, criant tous avec exaltation :

— Voilà le vrai Messie ! il ouvre les yeux ! il guérit les infirmités des membres, il rend la santé au peuple ! Gloire à Lui !

Devant ce triomphe apostolique, l'imposteur confondu et la rage au cœur, jugea bon de s'éclipser sans bruit, nul, d'ailleurs, n'avait d'yeux et d'oreilles désormais que pour le saint diacre.

— Hommes de Samarie, dit alors Philippe, sachez bien que ces œuvres que je viens de faire devant vous ne sont pas de moi, mais bien de Jésus-Christ de Nazareth, Fils de Dieu, prédit par les prophètes, crucifié à Jérusalem et ressuscité d'entre les morts. Croyez en lui et vous vivrez ! Je suis un de ceux qu'il envoie pour annoncer la Bonne nouvelle, et, venu parmi vous, je vous enseignerai, chaque jour, sous les portiques de votre Temple, sur vos places publiques et dans vos synagogues, les mystères ineffables de la Rédemption par Jésus-Christ Notre-Seigneur, afin que vous croyiez en Lui et que vous soyez sauvés.

Mais, déjà, des voix nombreuses s'élevaient et criaient :

— Nous croyons ! nous croyons ! Que faut-il faire, homme

envoyé du Ciel pour être dignes de Celui qui vient d'opérer ces merveilles devant nous?

— Etre baptisés par l'eau au nom de Jésus-Christ, répondit l'apôtre, comme Jean l'a enseigné jadis, sur les bords du Jourdain.

Et ce jour-là même, Philippe répandit sur d'innombrables têtes l'eau régénératrice et sainte du baptême.

. . . .

Cependant, perdu dans la foule et le visage dissimulé par un pan de son manteau, l'imposteur confondu assistait au déploiement de ces merveilles, cherchant en vain à comprendre comment et par quel étrange pouvoir, en un instant, un étranger avait ruiné ses prestiges et démantelé sa puissance.

Quel était donc cet homme? Quel était ce Jésus dont il parlait avec tant d'assurance, de feu et d'enthousiasme et au nom duquel s'opéraient de si grands prodiges?

Ce Simon n'était pas un homme ordinaire, il comprit vite le sens de ce qui se passait, car, investi par Satan d'une mission de ténèbres, il se sentait en présence de la Lumière qu'il avait reçu l'ordre de combattre.

Disciple de ces mystères dont les vieux Temples du paganisme gardaient les obscurs secrets, Simon le magicien avait été, de longue main, instruit et préparé par le sacerdoce des ténèbres pour opposer ses prestiges aux miracles du Seigneur.

Satan vaincu par le Fils de Dieu et comprenant que la corruption du paganisme allait, elle-même, engraisser les champs de l'Evangile, avait mis dans le prodige son dernier espoir et jouait avec lui sa dernière carte contre Dieu.

Mais le magicien, atterré, se sentait déjà vaincu et incapable de lutter ouvertement contre le Christ.

Cependant, un espoir lui restait.

Dépossédé à Samarie de sa gloire usurpée, il lui restait la ressource d'aller ailleurs, recommencer ses exploits sur un terrain où ses ennemis n'auraient pas encore pénétré.

Toutefois, avant de s'en remettre à ce dernier parti, il se demanda s'il ne lui serait pas possible de découvrir le secret du pouvoir mystérieux des apôtres, afin de s'en servir à son tour comme eux-mêmes et il vint trouver Philippe en secret et lui dit :

— Homme saint, tes miracles m'ont touché. J'ai été frappé de stupeur à la vue de tes prodiges, permets-moi de m'attacher à tes pas et donne-moi le baptême, car, moi aussi, je crois maintenant au Seigneur Jésus-Christ.[1]

— Puisque la grâce du Seigneur est descendue sur toi, répondit le saint diacre, qu'il soit fait selon ton désir pour la gloire de Jésus-Christ.

Et il le baptisa.

La conversion du magicien parut sincère, car, oublié par les Samaritains empressés à recevoir l'Evangile, il ne tenta plus de prestiges parmi eux.

Mais l'endurcissement de son cœur allait bientôt se faire jour et devenir manifeste.

Pendant que ces choses se passaient à Sébaste, un messager de Philippe allait à Jérusalem porter aux Apôtres les bonnes nouvelles de ces succès évangéliques et leur demander d'envoyer quelqu'un d'entre eux pour doter des dons du Saint-Esprit ceux qui n'étaient encore que baptisés et que Philippe, n'étant que diacre, n'avait encore pu *confirmer* dans la foi.[2]

Les apôtres envoyèrent donc Pierre et Jean à Samarie et

---

(1) Les Actes des Apôtres disent seulement que Simon se convertit et suivit Philippe, VIII, 13. Mais la suite fait bien voir que cette conversion était de sa part un calcul que l'apôtre crût sans doute devoir s'abstenir de déjouer, laissant au Saint-Esprit le soin de juger les sentiments de l'homme qui demandait le baptême.

(2) Ce passage des Actes nous fait voir clairement que du temps même des premiers apôtres il existait dans l'Eglise naissante une véritable hiérarchie de pouvoirs d'institution divine.

ils imposèrent les mains aux nouveaux chrétiens qui reçurent le Saint-Esprit.

Quand Simon vit les effets merveilleux que l'Esprit-Saint opérait dans ceux qui l'avaient reçu, son étonnement n'eut plus de bornes et il s'applaudit, en lui-même, d'avoir découvert la cause des miracles dont il était le témoin.

— Voilà des hommes heureux, pensa-t-il, de posséder un tel pouvoir, ils ont une fortune entre les mains et, assurément, ils doivent tirer de cette puissance d'énormes profits.

Il vint donc trouver Pierre et Jean et leur dit :

— Je vous apporte une somme d'argent, cédez-moi, je vous prie, le pouvoir que vous avez, afin que, moi aussi, je puisse donner le Saint-Esprit à ceux auxquels j'imposerai les mains.

Mais Pierre, irrité de cette proposition odieuse et impie, lui répondit sévèrement :

— Damnation sur toi et ton argent, toi qui as estimé qu'on pouvait, avec de l'or, acquérir le don de Dieu! Il n'y a pour toi ni part ni sort en ceci, parce que ton esprit n'est pas droit devant Dieu![1]

Mais, espérant encore en la bonté du Ciel et à la possibilité du repentir en Simon, Pierre ajouta aussitôt :

— Fais pénitence de ton crime et prie Dieu qu'il te pardonne, si c'est possible, cette pensée de ton cœur, car je te vois plein de fiel, d'amertume et dans les liens du péché.

En s'entendant ainsi accuser, le magicien, touché dans les profondeurs de sa conscience, se replia insidieusement sur lui-même et, cachant sous l'apparence d'un hypocrite repentir, le venin de son âme.

— Priez donc, vous-même, le Seigneur à mon intention,

---

[1] Les Actes, chap. VIII. Ce trafic a toujours été regardé par l'Eglise avec horreur. Simon y a attaché son nom et le commerce des choses saintes a été depuis appelé *simonie*.

dit-il, afin qu'aucun de ces maux dont vous me menacez ne tombe sur moi.

Et il se retira confus et plein de colère, tandis que les apôtres retournaient, de leur côté, à Jérusalem.

Pendant ce temps-là, un ange apparaissait à Philippe et lui dit :

— Lève-toi et va vers midi sur la route déserte qui va de Jérusalem à Gaza.

Le saint diacre obéit et se mit en chemin à l'heure indiquée, et, comme il marchait, il vit venir à lui, sur un char, un eunuque éthiopien, ministre de la reine Candace, qui revenait de Jérusalem où il était allé adorer dans le Temple de Jéhovah.

Il lisait, chemin faisant, le texte du prophète Isaïe et l'Esprit-Saint suggéra à Philippe la pensée de lui demander une place sur son char.

S'étant donc approché et prenant prétexte de sa lecture, Philippe lui demanda :

— Dis-moi, penses-tu comprendre ce que tu lis en ce moment?

— Hélas! répondit l'eunuque éthiopien, comment pourrais-je comprendre cela si personne ne me l'explique?

— Veux-tu me faire une place près de toi? demanda Philippe.

L'éthiopien ayant accepté l'apôtre pour compagnon de voyage et Philippe s'étant placé à ses côtés, il lui dit :

— Voici ce que je lisais :

« Il a été conduit à la boucherie comme un agneau sans défense; comme un agneau aux mains du tondeur, il est resté sans voix et n'a pas ouvert la bouche. Son humilité a été sa condamnation; qui racontera le mystère de sa naissance et qui dira pourquoi il a été retranché de la terre?[1] »

— Dis-moi donc, je t'en prie, dit l'eunuque à Philippe, ce

(1) Isaïe, 13-7.

qu'a voulu dire le prophète, par ces paroles. Est-ce de lui-même qu'il a voulu parler ou d'un autre?

— Ecoute, lui répondit le diacre et apprends que le prophète a voulu parler de Jésus-Christ, Fils de Dieu, livré et crucifié par les Juifs en Jérusalem.

Et, aussitôt, il l'instruisit des vérités de l'Evangile pendant que le char continuait à rouler sur la route.

Cependant, on vint à passer près d'une fontaine.

Alors, l'eunuque dit à Philippe :

— Voici de l'eau qui jaillit. Ne peux-tu pas me baptiser sur-le-champ et sans retard?

— Oui, répondit le diacre, si tu crois de tout ton cœur.

— Je crois en Jésus-Christ, Fils de Dieu, répondit simplement l'eunuque éthiopien.

Tous deux, aussitôt, descendirent de voiture et, étant entrés ensemble dans l'eau de la fontaine, Philippe puisa de cette eau dans sa main et, la versant sur la tête de l'eunuque, il le baptisa.

Quand l'eunuque eut reçu l'ablution sainte, il releva les yeux vers le diacre pour lui parler, mais il fut étonné de se trouver seul dans la fontaine.

L'Esprit du Seigneur était descendu sur Philippe et l'avait enveloppé d'un nuage qui le dérobait aux yeux de chair du nouveau converti. Il rendit grâces au Ciel de lui avoir envoyé un ange, et, joyeux, poursuivit sa route.

Et continuant à répandre la parole du Christ dans toutes les villes qu'il rencontrait, déjà l'apôtre Philippe songeait à aller évangéliser Césarée.[1]

(1) Les Actes, chap. VIII.

III

CALAMUS CHERCHE LA VÉRITÉ.

Le lecteur n'a pas oublié le jour, déjà lointain, où Saul cheminant dans la grande rue de Tarsus, se rendait au port pour y chercher Stéphanus, ni la rencontre qu'il fit dans la personne du romain Calamus.

Or, par une après-midi brûlante, un homme de jeune et preste allure, revêtu de la toge des citoyens romains entrait à Jérusalem par la porte de Sion, ayant laissé la caravane avec laquelle il était venu et qui devait déposer ses voyageurs dans un des grands caravanserails de la ville sainte.

Laissant à ses deux serviteurs qu'il avait amenés avec lui, le soin des bagages et du logement, il avait résolu, dès son arrivée à Jérusalem, de se mettre à la recherche de son ancien ami de Tarsus et de s'informer immédiatement de l'endroit où il habitait.

Calamus n'était jamais venu à Jérusalem et la route avait été pour lui un perpétuel agrément des yeux par ses sites pittoresques, tantôt formés par toutes les grâces de la fertile nature, tantôt empreints de la grandiose horreur de la stérilité des rochers et de l'effroi des abîmes.

Cependant, la domination romaine avait tellement mis

son empreinte sur la ville sainte de David, que Calamus ne
s'y trouvait point dépaysé et voyait, à chaque pas, se mani-
fester un reflet des mœurs et des usages de sa patrie.

Les sentinelles qui gardaient les portes de la ville, les
soldats qui veillaient aux crêneaux ou s'exerçaient en plein
air au maniement des armes, les cohortes qui passaient, suivant les aigles de César et escortées par les faisceaux hastés
des licteurs, tout cela était romain et il lui suffisait pour se
convaincre davantage encore de l'influence de la ville
d'Auguste sur ce sol, de regarder l'amphithéâtre d'Hérode
aux belles proportions, les palais modernes, les fontaines et,
à chaque pas, la floraison de pierre d'une architecture qui,
sans heurter dans une expression trop païenne les coutumes
de la nation juive, marquait néanmoins, de toutes parts,
l'envahissement de la Judée par l'art raffiné de l'Hellade et
du Latium.

Comme il passait près de la maison du grand-prêtre
Caïapha, son attention fut attirée par une troupe de gardes
du Temple qui y entraient, conduisant des prisonniers
enchaînés.

Ils ne leur ménageaient pas les mauvais traitements et,
cependant, rien, dans leur physionomie, n'indiquait aux yeux
qu'ils fussent des malfaiteurs.

C'était des vieillards, des enfants et des femmes inoffen-
sifs et leur costume indiquait qu'ils appartenaient à la classe
modeste de la nation juive.

Calamus voulut savoir le mot de cette énigme et, s'adressant à un vieillard adossé à l'une des bornes du palais.

— Pourquoi, lui demanda-t-il, exerce-t-on des violences
envers ces gens qui paraissent plutôt être des victimes que
des coupables et qu'ont-ils fait de mal pour qu'on les traîne
ainsi enchaînés?

Le vieillard regarda Calamus, un instant, en silence, puis
il lui dit :

— Tu n'es pas de Jérusalem, à ce que je vois, et peut-être même arrives-tu directement de Rome ou d'une des villes de l'empire de César?

— En effet, je suis Romain, étranger à Jérusalem où j'arrive aujourd'hui, non de Rome mais de Tarsus, dans le but de m'instruire[1] des mœurs du peuple juif et de sa religion.

— Si donc tu es de Tarsus, tu connais, sans doute, Saul le voilier, qui en est venu depuis quelque temps pour étudier avec Gamaliel le pharisien, et emploie son zèle à faire subir toutes sortes de tortures aux fidèles du Seigneur Jésus-Christ de Nazareth.

— En effet, s'écria le Romain, je connais Saul, nous étions amis à Tarsus et je viens surtout pour demander des lumières à sa sagesse, mais je ne connais pas du tout ce Jésus-Christ dont tu me parles et que tu appelles « le Seigneur, » sur quelle province règne-t-il? Est-ce un tétrarque, un procurateur de César ou un roi?

— C'est le roi du Ciel et de la terre, prononça gravement le vieillard, celui qui a fait toutes choses et par qui et en qui tout vit, se conserve et s'immortalise. Envoyé par Dieu son Père, sur la terre, pour le salut d'Israël et la Rédemption du monde entier, il est né à Bethléem de Juda, des derniers rejetons de David notre roi, il a vécu humble et, à sa trentième année, il a commencé à faire connaître sa mission par la prédication et les miracles de toutes sortes. Il a comblé de bienfaits les enfants d'Israël, guérissant leurs lépreux et leurs paralytiques, redressant leurs estropiés, rendant la vue à leurs aveugles, l'ouïe à leurs sourds, chassant les démons

(1) D'après Strabon, livre xiv. Les habitants de Tarse étaient très avides de science et la plupart d'entre eux ne reculaient devant aucune fatigue et aucun voyage pour aller se perfectionner en science et en philosophie dans les écoles étrangères. L'ornement de l'esprit leur paraissant au-dessus de la fortune elle-même.

du corps des possédés et prêchant partout l'avènement du règne de Dieu, par lui, Messie et Sauveur.

— Et, sans doute, interrogea Calamus, ta nation l'a comblé de biens et d'honneurs? Si un pareil homme se faisait connaître à Rome nul doute que César ne l'associât à l'empire.

— Détrompes-toi, ô étranger, les princes des prêtres, les pharisiens et les scribes ont soulevé le peuple contre lui, on l'a livré à Pontius Pilatus qui refusait de le condamner à cause de son innocence et de sa sainteté et on a forcé le procurateur romain de le faire mourir du supplice de la croix, entre deux voleurs, sur le Golgotha, hors de la porte Judiciaire. Mais, trois jours après, il est ressuscité d'entre les morts, s'est montré à tous ses disciples pendant quarante jours, après lesquels il est monté au Ciel en leur présence après leur avoir recommandé de prêcher à l'univers entier le salut et la rédemption.

« Or ses disciples, dix jours après, ont été comblés des dons du Saint-Esprit, et, depuis ce temps-là, ils font les mêmes miracles que lui ainsi que beaucoup de ceux qui croient au Seigneur Jésus. Irrités de voir que le bienfait du Ciel n'était pas mort avec le Seigneur Jésus, ressuscité, les prêtres de Jérusalem ont juré de nous tourmenter de toutes les manières, pour détruire jusqu'à la mémoire même de Jésus-Christ et voilà pourquoi tu as vu ceux-ci enchaînés et traînés au tribunal du grand-prêtre; ce Saül que tu as connu à Tarsus est précisément le plus acharné de nos persécuteurs; il a juré d'exterminer notre foi, mais, comme il est dit dans nos livres sacrés : « Si le Seigneur ne veille pas sur la cité, c'est en vain que veillent ceux qui la gardent. »

— Voilà des choses étranges, dit le Romain songeur, je n'ai jamais entendu dans l'histoire de nos dieux raconter rien de semblable. Je te remercie, vieillard, peut-être m'informerai-je un jour plus amplement de tes croyances. Adieu.

Calamus, alors, inspecta les abords de la maison du

grand-prêtre et, comme les portes en étaient ouvertes, il entra dans la cour où se faisait un grand va et vient de gardes et de serviteurs affairés.

Il demanda à l'un d'eux si Saul de Tarse n'était point ici?

— Il est occupé à juger des perturbateurs, lui répondit celui à qui il venait de s'adresser.

Et, du geste de la main, celui-ci lui montra une salle ouverte et pleine de monde autour d'un tribunal sur lequel était assis un docteur de la Loi à l'aspect farouche qui posait des questions, faisait enregistrer les réponses des accusés par les scribes et prononçait des sentences sévères, condamnant invariablement à la flagellation les accusés qui refusaient tous et tout spontanément, malgré les plus cruelles menaces, de réciter une formule alors fameuse qui, sous couleur d'hommage rendu à Jéhovah Dieu d'Israël, comportait de tels blasphèmes contre le Christ que les fidèles eussent mieux aimé mourir que de la réciter,[1] car c'eut été de leur part une véritable apostasie.

La flagellation était le supplice juif par excellence et tous, depuis l'esclave jusqu'au prince, pouvaient y être condamnés. Le maximum de la peine était quarante coups de fouet, car Moïse avait défendu que l'on dépassât ce nombre.

Toujours soucieux d'observer scrupuleusement la Loi, au moins en apparence, les pharisiens n'allaient jamais jusqu'au quarantième coup, mais ordonnaient aux bourreaux de ne pas dépasser le trente-neuvième. Cependant, leur cruauté ingénieuse trouvait le moyen de se rattrapper sur

---

(1) C'était la formule fameuse appelée « prière de malédiction. » Maimonide a affirmé qu'elle avait été composée par Gamaliel lui-même et qu'il avait fait ajouter cette formule dans laquelle on sollicitait du Ciel l'extermination des chrétiens, aux prières ordinaires de la liturgie judaïque. Mais, contrairement au sentiment de Maimonide, beaucoup d'autres auteurs l'attribuent non à Gamaliel dont l'Eglise honore la mémoire comme chrétien, mais à un de ses disciples nommé Samuel Catou, que quelques-uns mêmes ont confon du avec Saul. (L'abbé Vidal. Saint Paul.)

Ananus fut ignominieusement étranglé en public,
et son corps traîné sans vêtements dans les rues de Jérusalem,
fut jeté à la voirie publique avec les ordures et les cadavres d'animaux. (P. 147.)

la violence et les malheureuses victimes de ces exécutions, particulièrement les Galiléens, en ce temps de persécution, en savaient quelque chose.

La cruauté de Saul était telle envers eux qu'il s'ingéniait à les pousser par l'application de ce supplice, presque jusqu'aux portes du tombeau, afin de les faire apostasier.

La peine de l'emprisonnement, pour être moins sanglante, n'était pas moins atroce.

Chargés de chaînes, les confesseurs du Christ étaient entassés dans ces cachots, souvent formés de deux étages, dont celui du dessous composé de fosses boueuses, semblables à celle dans laquelle fut descendu Jérémie le prophète, [1] joignaient à ces dispositions immondes une telle étroitesse, que le prisonnier ne pouvait s'y coucher pour dormir et ne s'y maintenait que replié sur lui-même et tout courbé, supplice qui, au bout de quelques heures, devenait intolérable.

Dans ces prisons, comme dans celles de Rome, l'étage inférieur ne recevait d'air et de lumière que par l'étage supérieur, déjà obscur, sans air lui-même et bondé de prisonniers entassés dans la gêne la plus affreuse.

. . . .

Calamus prit les tablettes suspendues à sa ceinture et, sur la cire, il écrivit avec son style d'acier :

Calamus de Tarsus à Saul de Tarsus,

Salut !

Par ces lettres, je t'informe, Saul, qu'arrivé aujourd'hui même à Jérusalem, dans le but de m'instruire des choses de la religion des Juifs, je suis dans la cour de ce

______

(1) Jérémie, XXXVIII, 6.

palais attendant que tu veuilles bien me faire savoir si je puis te saluer.

Porte-toi bien!

Ayant tracé ces lignes, il cacheta la tablette à l'aide d'un fil de soie croisé et d'un peu de cire molle sur laquelle il appliqua la sardoine gravée de l'anneau d'or qu'il portait, à la mode des chevaliers romains, à l'index de la main droite, puis, s'adressant à celui duquel il venait déjà d'obtenir une réponse et qui faisait apparamment partie de la domesticité du palais du Grand-Prêtre :

— Porte cela au juge, lui dit-il d'un air important, il s'agit d'une communication grave, et rends-moi la réponse au retour.

Du regard, il suivit le messager, le vit remettre les tablettes à Saul, et celui-ci en rompre les fils et les lire.

La figure sévère du juge ne changea pas d'expression, nulle joie ne s'y manifesta, non plus qu'aucune surprise; avec la partie mousse de son propre style, il effaça l'écriture de Calamus et écrivit, à son tour, sur la surface de la cire redevenue lisse :

Saul de Tarsus à Calamus de Tarsus,

Salut!

Averti par tes lettres, je t'informe que, devant descendre de suite de mon tribunal, le porteur t'introduira près de moi aussitôt. *Vale.*

En effet, à peine Calamus fut-il de nouveau en possession de ses tablettes et en eut-il lu le contenu que le dernier condamné était emmené en prison et la salle du jugement évacuée.

— Suivez-moi, seigneur, dit le serviteur, si vous voulez voir le juge.

Calamus entra avec lui dans l'intérieur du palais, et, bientôt, ayant traversé des portiques pleins de verdure et de fontaines jaillissantes, fut introduit dans une pièce étroite, recevant le jour par un impluvium, ornée d'un bassin ou s'ébattaient des poissons dans la pluie fraîche d'un jet d'eau vive. Les murs étaient garnis de fines mosaïques dessinant des fleurs et des feuillages, comme le pavé de marbre sur lequel s'espaçaient de larges sièges de bois de cèdre odorant, incrusté d'ivoire et garnis de coussins d'écarlate.

Saul était déjà là, le front encore plissé, ses yeux durs d'aigle lançant des éclairs mal contenus.

— C'est toi, Calamus, dit-il, salut! La pensée qui t'a conduit à Jérusalem est bonne, sans doute, et, te souvenant de mes conseils, ayant vu de près l'inanité des dieux des nations, tu viens probablement t'instruire, comme je t'y ai invité, dans la religion de Moïse, notre père, qui est celle du Dieu Unique?

— Saul, répondit Calamus, est-ce ce Dieu qui arme ton bras, et verse dans ton cœur la cruauté la plus impitoyable envers les infortunés dont je viens de voir les tortures? Voilà des gens qui, au moins, trouveront que tu es mal nommé pour eux. [1]

Saul ne sourit pas à ce trait d'esprit.

— Il est écrit dans nos livres sacrés, dit-il : « Le zèle de la maison de Dieu me dévore. » Ceux contre lesquels le grand Sanhédrin m'a armé du fouet de la justice sont des renégats qui adorent un crucifié qu'ils veulent mettre au lieu et place de Jéhovah, un perturbateur qui prétendait détruire le Temple du Seigneur....

(1) Le nom de Saul était le nom hébreu que saint Paul avait reçu à la circoncision et signifie « *Désiré ou désirable.* »

— Un homme qui guérissait tous les infirmes d'Israël, à ce qu'on m'a dit, interrompit négligemment Calamus, faisait voir les aveugles, entendre les sourds, parler les muets, donnait aux lépreux dégoûtants la peau saine des raisins mûrs, et a transmis à ses disciples ces merveilleux pouvoirs! Est-ce que ton ami et parent qui vint te chercher à Tarsus, travaille à la même œuvre de justice que toi?

— Stéphanus? s'écria Saul avec feu. Il n'est plus; le peuple a fait justice de lui en le lapidant, car, lui aussi a renié Jéhovah pour ce Jésus dont nous ferons oublier le nom et les œuvres.

— Œuvres extraordinaires, m'a-t-on dit, puisque, si j'en crois la voix publique, non content de guérir les infirmes et de ressusciter les morts, il s'est ressuscité lui-même...

— Toi aussi! s'écria Saul, en se levant brusquement de son siège qui, sous l'effort, glissa sur la mosaïque en rendant un cri aigu, toi aussi, tu as cru ce que disent ces Galiléens! Dis-moi tout de suite que tu partages leur foi et que tu as reçu, comme une nourriture divine, le poison de leurs enseignements et de leur doctrine!

— *Civis romanus ego sum!* dit Calamus, avec une calme ironie, scandant la phrase que Saul dirait un jour lorsque, changé par Dieu, il récuserait la juridiction d'un tétrarque juif, pour en appeler à César. Je suis citoyen romain, et, me plût-il d'embrasser ces doctrines, tu ne pourrais rien sur moi.

— Je le sais, dit Saul, contenant à peine son exaspération, qui éclatait chaque fois qu'il était question devant lui de Jésus-Christ et de ses disciples, aussi, rassure-toi, tu es libre, fais ce que bon te semblera.

— Et toi-même, dit Calamus d'un ton de reproche, toi-même, Saul, n'es-tu pas citoyen romain?

— Que veux-tu dire par là?

— Est-il digne de la part d'un citoyen romain de se livrer

aux excès auxquels tu t'abandonnes? Qu'as-tu fait de ces nobles traditions de *libéralisme* qui honorent les enfants légitimes ou adoptifs du divin Latium?

— Je suis Juif avant tout, dit Saul avec décision, et Docteur en la Loi de Moïse et, comme tel, j'ai mission et devoir de protéger cette Loi contre ses destructeurs et ses profanateurs, et tant qu'il existera à Jérusalem et dans les pays soumis aux Juifs un seul galiléen adorateur de ce crucifié, je le poursuivrai dans son dernier repaire, et j'en ferai justice au nom du Seigneur notre Dieu! Mais, dis-moi, viens-tu à Jérusalem pour t'instruire, comme je t'y avais invité, dans la religion de Jéhovah? je suis prêt à éclairer ton esprit; ou préfères-tu connaître mieux Jésus de Nazareth? Alors va au tombeau de David et fais-toi enseigner les dogmes de l'imposture, tu trouveras là assez de maîtres à ton gré.

— *Salve!* dit gravement Calamus, si ton Dieu est cruel, les miens me suffisent, car, si, parfois, le sang humain a coulé sur leurs autels, dans de terribles circonstances, dans les temps ordinaires, ils ne demandent aux mortels que la joie et leur donnent en échange le plaisir et la paix au milieu de la floraison des arts et de la poésie. *Salve!*

— Adieu donc, dit Saul, notre voie n'est pas la même. *Vale!*

Calamus, à ces mots, se leva de son siège, quitta la salle où Saul continuait à se promener à grands pas, et sortit du palais de Caïapha pour se mettre à la recherche du *diversorium* où, déjà, devaient être arrivés ses serviteurs et ses bagages.

IV

D A M A S.

Fuyant Jérusalem où Saul exaspéré contre les chrétiens, donnait, de jour en jour, une plus grande extension à la première persécution contre l'Eglise de Jésus-Christ, les disciples et les fidèles avaient, de préférence, porté leurs pas vers les villes les plus célèbres et les plus florissantes, champs vastes et fertiles, pour y répandre la semence féconde de l'Evangile.

Telle était, parmi toutes, la ville célèbre de Damas, l'une des plus anciennes du monde connu alors.

Au dire des Orientaux, cette ville aurait été fondée par Eliézer, serviteur d'Abraham ; selon d'autres historiens arabes, elle devrait le jour à Uz, fils d'Aram, neveu de Sem, ce qui ferait remonter sa naissance à des temps antérieurs à l'ère des Patriarches.

Quoi qu'il en soit, Damas était alors la métropole opulente de la Syrie Damascène.

. Elevée au sein d'une immense campagne, arrosée par le Chrysorroas,[1] dont l'Abana et le Parphar étaient des branches, elle s'étalait, glorieuse et superbe, dans une situation topographique si merveilleuse, qu'on l'appelait *l'œil de l'Orient,*

---

(1) Aujourd'hui le fleuve Baradah.

nom que lui donnent encore aujourd'hui ses habitants.

Les pages nombreuses de son histoire témoignent devant les siècles de la vie intense qui l'animait et débordait d'elle sans relâche.

Plus d'une fois, en effet, la ruine a dévasté son sol, et toujours elle s'est relevée plus fière de ses décombres, comme si, pour elle, les désastres n'étaient qu'un simple avertissement du Ciel destiné à la faire se souvenir qu'il ne sied pas de se livrer aux voluptés dans les délices de la nature, sans souci du travail et de la peine, que les choses de la terre sont inconstantes comme le vent et mobiles comme le sable, et que la loi du travail, imposée à l'homme par le Créateur, s'étend aux jardins du soleil qui sont la gloire de l'Orient, comme aux pâles royaumes des frimas qui sont la désolation et le frisson éternel des pays du Nord.

Tout l'Orient regardait Damas comme le siège du paradis terrestre et le point central de l'Eden. Le prophète Jérémie et le prophète Amos appellent Damas « une ville belle et une cité de délices. »

Dès la plus haute antiquité, Damas, située sur la route des caravanes, avait donné une grande extension à son commerce et à son industrie par lesquels elle avait acquis richesses et puissance.

Le prophète Ezéchiel nous parle de son immense trafic, avec la ville de Tyr où elle portait de nombreuses marchandises parmi lesquelles les laines teintes de couleurs vives et éclatantes, les armes luxueuses[1] et les vins exquis et précieux.

---

(1) Les armes blanches de Damas furent célèbres dans tout l'Orient bien avant l'ère chrétienne alors que les nations étaient peu expertes dans les arts métallurgiques. Les Européens ne les connurent pas avant l'époque des croisades et, pendant longtemps, on essaya vainement en France de fabriquer des armes possédant leurs qualités remarquables. L'acier indien transporté de Golconde à Damas y était converti en épées, en sabres et en cimeterres, d'une incomparable élasticité, d'un fil extraordinairement fin et d'une trempe à toute épreuve.

Entourée de villes également florissantes, orgueil des peuples anciens qui n'ont pas su les perpétuer, Damas devait rester seule debout, braver les efforts des temps, résister au remous des siècles écumeux, et malgré toutes les vicissitudes de la fortune, de nombreux changements de maîtres, passer à la postérité la plus reculée, œil de l'Orient, toujours clair, toujours vigilant dans un corps paralysé par le temps et la mollesse.

Résidence des rois de Syrie, puis, soumise aux rois de Judée, plus tard indépendante sous les rois d'Israël, elle était devenue, après la bataille d'Issus, (trois cent trente-trois ans avant Jésus-Christ) la proie d'Alexandre le Grand et avait ensuite fait partie de l'empire des Séleucides comme capitale de la Cœlésyrie. Les arabes l'avaient possédée pendant un certain temps, et elle était tombée au pouvoir des Romains après la défaite de Tigrane par Pompée, puis, revenue à ces mêmes arabes par la conquête. A cette époque, Arétas roi d'Arabie, beau-père d'Hérode le Tétrarque la gouvernait. Irrité du renvoi de sa fille par Hérode, Arétas avait pris les armes contre son gendre et l'avait vaincu. Les Romains prirent la défense d'Hérode et Caïus ordonna à Vitellius d'aller assiéger Arétas dans sa ville forte de Pétra. Arétas, cependant, avait échappé aux calamités d'un siège par l'assassinat de Caïus par Chéréas, qui eut pour effet de faire rentrer à Rome Vitellius avec ses légions.

Les Juifs affluaient à Damas, en même temps qu'un grand nombre de chrétiens fuyant la colère du Sanhédrin de Jérusalem, qui avait, alors, une juridiction morale très étendue atteignant Israël partout où il portait ses pas, et que les princes étrangers respectaient pour des raisons d'ordre public et de politique intérieure.

Les Romains savaient, en effet, qu'Israël ne reconnaissait qu'une Loi, celle du Sinaï donnée par Jéhovah à son peuple par l'entremise de Moïse. Le respect de l'autorité

religieuse était le seul joug que supportassent les Juifs, et ce
respect seul était capable de les soumettre, par suite, aux
lois des conquérants.

Tous les Juifs de la Judée, de la Babylonie et de l'Egypte
vénéraient les statuts du Sanhédrin, et Rome lui reconnaissait le droit d'exercer sa puissance morale partout où il y avait
des Juifs. Comme toute puissance, pour avoir de la valeur,
doit comporter une sanction, le Sanhédrin jouissait, dans
toute sa juridiction, du droit d'arrestation, d'emprisonnement
et de châtiment corporel pour cause de religion ; le droit de
mort lui était seul enlevé, une tolérance exceptionnelle
admettant seulement que l'exécration du peuple contre un
blasphémateur pût aller, par la force des choses, jusqu'à
l'entraîner à une exécution sommaire.[1]

A tous ces titres, cette ville devait attirer l'attention des
persécuteurs, attention fatale, dit saint Jérôme, et qui devait
appeler la fureur fratricide dans ces champs où la tradition
place le meurtre biblique d'Abel par Caïn.

Le représentant de l'Eglise à Damas était, alors, Ananie,[2]
disciple de Jésus-Christ, homme d'une éminente sainteté et
connu de tous les fidèles par sa foi profonde et la grande
piété de son cœur. Evangéliste ou Docteur, diacre d'après
Œcuminius, peut-être revêtu de la dignité sacerdotale,[3] en
tout cas, l'un des soixante-douze disciples qui avaient eu le
bonheur de puiser la Foi à ses sources les plus pures et
d'en recueillir les enseignements de la bouche même du
Sauveur, la Grâce l'avait illuminé de ses clartés fécondes,

---

(1) Ce qui se produit de nos jours aux Etats-Unis par le *lynchage* et ce qui se
produirait certainement en Europe si on laissait faire le peuple dont les passions
irréfléchies le tiennent dans une enfance voisine de la brutalité.

(2) Actes, ix, 10.

(3) On n'est pas fixé sur cette question. Saint Augustin pense que le disciple
Ananie était prêtre ; saint Dorothée dit que, dans la suite, il devint même évêque
de Damas.

et Dieu lui révélait souvent ses desseins dans des visions célestes.[1]

Saul le connaissait et savait qu'il aurait en lui un ennemi redoutable; Ananie, de son côté, était informé des desseins de Saul, et priait Dieu avec ferveur de détourner de l'Eglise de Damas, les calamités de la persécution.

. . . .

Cependant, Saul venait de quitter son tribunal après une séance remplie de cruelles condamnations, et, avant de se retirer pour se livrer au repos, ayant rencontré un officier de la maison de Caïapha :

— Va demander au grand-prêtre, lui dit-il, s'il consent à recevoir Saul le rabbi, qui veut l'entretenir quelques instants des graves affaires de la Loi.

— Oui, rabbi, dit l'officier en s'inclinant.

Il partit, laissant le persécuteur impatient selon son habitude, et arpentant à grands pas les parvis du vestibule.

Peu de temps après il revint :

— Rabbi, dit-il, le grand-prêtre t'attend.

Sans en entendre davantage, Saul traversa les appartements du palais qui lui étaient familiers, et monta d'un pas alerte sur le toit de la maison, où il savait qu'à cette heure il trouverait Caïapha se délassant de la chaleur du jour, assis sur les coussins moelleux, à l'abri d'une tente d'azur, et dégustant les boissons aux fruits rafraîchissantes.

— Approche, Saul, lui dit le grand-prêtre, dès qu'il l'aperçut émergeant des degrés de l'escalier. Tu es le digne appui de la Loi, tu tiens d'une main ferme la tradition de Moïse notre père et je te félicite de ton zèle qui nous délivrera de l'imposture et des imposteurs. Que veux-tu de moi?

— Te demander une faveur, grand-prêtre, répondit Saul ou te prier de l'obtenir pour moi du Sanhédrin.

(1) Les Actes, XXII, 12.

— Tu la mérites par ton zèle qui ne s'est jamais démenti;
parle, que désires-tu?

— Aller à Damas.

— Tu veux goûter un peu de repos?

— Jamais! s'écria Saul, je veux, au contraire, travailler
plus que jamais à la destruction de ces chrétiens qui pullulent
comme une mauvaise herbe qui envahira le champ du Seigneur si on ne l'arrache par tous les moyens. Tu sais que
beaucoup d'entre eux ont fui de Jérusalem, pour échapper au
châtiment, et se sont répandus partout. Damas est une de
leurs places fortes et je veux les y poursuivre avec la même
ardeur qu'à Jérusalem. Obtiens-moi donc des lettres du
Sanhédrin afin que, sans perdre de temps, je poursuive contre
ces renégats l'œuvre de la vengeance.

— Je te félicite, Saul, dit le grand-prêtre avec feu, sois
satisfait, tu auras ces lettres et le Sanhédrin te chargera avec
joie de cette mission. Qui peut la remplir mieux que toi qui
es une des colonnes du Temple! Va donc tranquillement et
compte tout à fait sur moi pour ce que tu appelles une
faveur, dans ta grande modestie.

Saul remercia le pontife avec chaleur et le quitta, s'excu-
sant sur la nécessité de dresser une liste importante de coupables dans les maisons desquels il devait envoyer des
gardes le lendemain, pour perquisitionner et opérer des arres-
tations nécessaires à la gloire de la religion judaïque et à sa
conservation.

Et, en effet, le persécuteur ne perdait pas son temps. A
peine prenait-il du repos la nuit, tant il déployait d'ardeur
contre l'Eglise du Christ.

V

LE FEU DU CIEL.

Quand Jésus, en un jour de sublime mémoire, eut pro-
clamé à la face des ouvriers apostoliques, ses disciples,
appelés à défricher la vigne du Seigneur et à la mettre en
valeur, l'auguste et céleste mystère du secret des béatitudes ;
quand il leur eut enseigné que, pour ouvrir aux peuples les
portes du Royaume de Dieu, les moyens humains ne sont
rien, que le Royaume de Dieu n'est pas un endroit du monde
que l'on puisse délimiter, mais bien un état de l'âme qui, par
le détachement complet de toutes les choses de la terre, s'est
ouverte comme une fleur, désormais pure, à l'illumination
éclatante du Ciel, quand il leur eut dit de ne prendre en chemin et pour la route, ni besace chargée de provisions, parce
que Dieu qui a bien nourri son peuple pendant quarante ans
dans le désert avec la manne, et alimente les oiseaux du
Ciel, donne aussi la nourriture à ses ouvriers ; ni bâton pour
soutenir leurs pas, parce que la terre offre sa verdure aux
voyageurs pour y délasser leurs membres fatigués ; ni argent,
parce que les trésors du Ciel sont le partage de ceux qui ont
la Foi, cette force qui meut les montagnes, fait à son gré
descendre la rosée féconde des bénédictions sur les toits

hospitaliers ou répand la terreur et les calamités de la foudre
sur les maisons impies ; les peuples, selon l'Évangile, étaient
dans l'admiration de sa doctrine.

L'Esprit de Dieu, ressemble à la foudre. Là où il se
manifeste, tout ce qui n'est pas Lui, disparaît devant Lui.
Incompatible dans sa Lumière avec les obscurités du monde
matériel, quand il a frappé, tout sens grossier se paralyse
et le sens divin se développe et celui qui l'a reçu ne vit plus
selon la terre mais c'est l'Esprit de Dieu qui vit en lui et
opère des miracles par son intermédiaire.[1]

La foudre avait frappé Ananie et Saphira, le tonnerre
était remonté au Ciel, mais il était prêt à en redescendre,
sans doute, pour la gloire de Dieu et de l'Evangile ; il avait
donné la mort, il allait dispenser la vie !...

. . . .

Quelques jours s'étaient à peine écoulés, que le grand-
prêtre Caïapha remettait à Saul, au nom du Sanhédrin, les
pouvoirs nécessaires et sollicités par lui-même pour poursuivre son œuvre de vengeance.

Semblable au sanglier des bois, avide dans sa férocité de
fauve de se repaître des fruits de la vigne du Seigneur,[2]
après avoir ravagé le champ de Jésus-Christ dans Jérusalem,
il partit, poussé par un implacable fanatisme, à la recherche
de nouvelles proies à dévorer.

Muni de lettres de crédit pour les synagogues de Damas,
son but était de se saisir des chrétiens de cette ville, hommes
et femmes, de les enchaîner comme de vils criminels, puis, de
les conduire à Jérusalem, au nom du Sanhédrin, pour les y
emprisonner et les condamner à des châtiments terribles.

Ignorant, alors, que la souffrance des martyrs est, dans

---

(1) Ce qui a fait dire à saint Paul : « Ce n'est plus moi qui vis, c'est Jésus-Christ
qui vit en moi. »

(2) David. Psaumes LXXIX, 14.

l'ordre des choses divines, une semence de nouveaux fidèles,
la colère de Saul, reflet de celle qui animait tous les Juifs
intransigeants de Jérusalem, était l'aveu de cette rageuse
impuissance qui veut élever des babels contre le Ciel et qui
sait bien, au fond, que sa cause est perdue d'avance et que
le sort qui l'attend est le châtiment du Promethée antique et
l'écrasement des Titans.

A la tête d'une petite troupe bien armée, Saul sortit de
Jérusalem et prit la route de Tibériade,[1] par la Judée et la
Samarie dont nous connaissons, par ce qui précède, les sites
célèbres, les grands paysages tantôt affreux comme les solitudes mortes aux roches déchirées, infestées de bêtes fauves
et de brigands, tantôt radieux comme l'émeraude des plaines
verdoyantes enchassées par l'argent des rivières et la nei-
geuse mousseline des cataractes.

Mais, rien de toutes ces grandes merveilles de la nature
ne séduisait ses yeux ni ne détournait son cœur des cruelles
pensées qui bouillonnaient dans son cerveau.

Vers le déclin du deuxième jour apparut Tibériade,
où l'on fit la deuxième halte pour se reposer, pendant
la nuit, des fatigues de la journée et prendre des forces
pour traverser les défilés abrupts et dangereux des montagnes de l'Anti-Liban et les hauts plateaux déserts du
Hauran.

Ils passèrent au pied de la montagne sur le sommet de
laquelle fut l'antique Béthulie, patrie de Judith, dont les
maisons se mirent dans les ondes limpides de la mer de
Tibériade, le beau lac de Génézareth.

Les compagnons de Saul, admiraient, seuls, la verdure
des frais vallons arrosés par les ondes murmurantes de
copieuses fontaines, au milieu d'une végétation luxuriante
qui doit une part de sa splendeur à des sources d'eaux

---

(1) Damas est à cent quatre-vingt kilomètres environ de Jérusalem.

chaudes dont l'odeur sulfureuse indique l'origine volcanique.

Là, s'étendent de véritables vergers formés de toutes sortes d'arbres touffus et fructifères, orangers, grenadiers, oliviers, poiriers et noyers; des pampres verts couronnent les coteaux promettant le vin généreux et précieux comme le nectar doré et célèbre du Liban.

Après avoir gravi plusieurs collines et escaladé les gradins en pentes douces où s'étagent les maisons de plusieurs gros villages, attachés aux flancs des coteaux comme des ruches aux alvéoles d'ambre, dorées par le soleil et échelonnées dans un pittoresque désordre, Saul daigna jeter un coup d'œil sur le panorama gigantesque qui se déroulait sous ses yeux.

Qui n'eut admiré, même malgré soi, cet horizon sans bornes qui fait presque croire au voyageur qu'il est isolé dans l'espace au-dessus de la terre? Et là, le regard ne trouvait de limites à l'immensité que du côté du nord où il est arrêté par le mont Hermon et la chaîne voisine de l'Anti-Liban, tandis qu'à l'ouest, dix chaînes de montagnes commençant aux lointains du Carmel ressemblent aux vagues moutonneuses d'une mer immense qui viennent se dérouler à vos pieds, tantôt étincelantes, tantôt sombres, selon leur position par rapport au soleil. Au sud-est, c'est la mer de Génézareth qui resplendit comme un miroir brillant, et le cours du Jourdain qui s'étale sinueux et serpente, dans la vallée profonde, au milieu des buissons et des roseaux dans la neige intermittente et vaporeuse de ses cataractes.

— Et maintenant, compagnons, s'écria Saul, il ne nous reste plus qu'à prendre la grande route de Damas qui, en peu de temps, nous conduira en vue de la *Perle de l'Orient.*

Du lieu où ils étaient arrivés, plusieurs chemins conduisaient et mènent encore à Damas, mais le chemin le plus généralement adopté par les voyageurs était celui qu'on appelait et qu'on nomme encore la *grande route des caravanes*, euphémisme tout oriental qui désigne un sentier à peine tracé, accessible seulement aux piétons ou aux cavaliers montés sur des chevaux ou des chameaux.

Mais ce sentier traversait la plaine merveilleuse de Damas, célèbre dans tout l'Orient comme la ville elle-même qui lui a donné son nom et qu'on apercevait de loin, au milieu de ces champs riants, sillonnés par des rivières répandant sur eux la fraîcheur et la fécondité.

Les voyageurs, fatigués des ardeurs atroces du désert sans oasis et sans fontaine, à la vue de cette belle nature, ne pouvaient contenir leur enthousiasme ; Damas était pour eux, alors, vraiment le *paradis de la Terre*, le *Collier de la Beauté*, et le fleuve qui la baigne devait son nom de Chrysorroas — fleuve aux flots d'or — à la reconnaissance de leur soif apaisée dans ses ondes.

Tous les peuples commerçants de l'antiquité avaient contemplé ces verdures et bu ces ondes. D'Orfa, d'Hiérapolis, de Babylone, de Palmyre, de Balbeck, de Tyr et de Sidon, d'Elath, de Gaza, de l'Egypte, les caravanes venaient à Damas, et toutes les armées de l'ancien monde, Assyriens, Chaldéens, Egyptiens, Phéniciens, en avaient piétiné le sol.

L'esprit de Saul ne fut pas insensible à la magnificence de ces campagnes, mais, sans s'arrêter à les admirer, son œil ardent se porta de suite sur la ville éclatante qui resplendissait aux feux du soleil comme une grappe de perles blanches entre mêlées de topazes et sertie d'émeraudes.

— Courage, compagnons, s'écria-t-il, le but de notre voyage est atteint! Dès demain la perle de l'Orient connaîtra le nom de Saul et nous retournerons à Jérusalem en plus nombreuse compagnie....

A peine avait-il achevé ces mots que, tout à coup, éclipsant le soleil ardent en son midi, une clarté sans égale embrasa le ciel au-dessus de leur tête, environna le rabbi et ses compagnons qui, tous, tombèrent, terrassés par une invincible force, tels, jadis, au matin de la résurrection, les gardes qui veillaient à l'entrée du sépulcre du Fils de l'Homme.

Et, tandis que ses compagnons, terrifiés et aveuglés, ne percevaient qu'un bruit pareil à celui du tonnerre, longuement répété par les échos des montagnes, le persécuteur farouche, entendit, lui, distinctement une voix qui lui disait, en langue hébraïque, sur un ton de reproche prêt à la clémence :

— Saul! Saul! pourquoi me persécutes-tu? Il t'est dur de regimber contre l'aiguillon!

— Qui êtes-vous donc, Seigneur? s'écria Saul, effrayé et déjà convaincu du miracle.

Alors, la voix reprit :

— *Je suis ce Jésus que tu persécutes. Mais, lève-toi et tiens-toi debout, car je t'ai apparu, afin de t'établir ministre et témoin des choses que tu as vues et de celles que tu verras, quand je t'apparaîtrai de nouveau. Je te délivrerai des mains du peuple et de celles des Gentils vers lesquels je t'envoie maintenant pour ouvrir leurs yeux, afin qu'ils se convertissent des ténèbres à la lumière et de la puissance de Satan à Dieu et que, par la foi qu'ils auront en moi, ils reçoivent la rémission de leurs péchés et qu'ils aient part à l'héritage des saints.* Oui, je suis ce Jésus dont les miracles, la prédication divine et la mort innocente ont prouvé la mission, et que tu méconnais; ce Jésus que Pilatus a fait mourir en croix à la requête haineuse des Juifs; j'ai, par mon sacrifice, expié le péché universel et maintenant je vis et règne dans les Cieux où je suis monté après ma résurrection. Cesse de me persécuter, insensé, je vais mettre un frein à ta fureur sanguinaire. Sache que, quoique je suis assis au ciel, à la droite du Père, je souffre de toutes les douleurs dont souffrent, sur la terre, mes disciples[1] et tout ce qu'on leur fait, je le regarde comme fait à moi-même.[2]

Saul n'était pas de ceux qui aiment l'aveuglement; sa grande âme ne cherchait qu'un chemin, celui de la vérité; jusqu'ici il avait cru en suivre la route; persécuteur acharné, cruel, sans pitié, il l'était de bonne foi, nul intérêt vil ne le guidait, il n'était pas un valet du Sanhédrin ni un seïde des princes des prêtres mais un homme de zèle pour ce qu'il avait cru jusqu'ici être la gloire exclusive de Dieu.

Un voile venait, soudain, de se déchirer; en un instant, avec la rapidité de la foudre, son esprit illuminé avait compris le sens de la divinité de la Foi nouvelle et, sans hésitation, avec une conviction désormais inébranlable et une douceur d'esclave, car il avait vu Jésus entouré d'un vêtement de lumière.[3]

— Seigneur, dit-il, parlez, que voulez-vous que je fasse maintenant pour vous servir?

— Va à Damas, lui répondit la voix du Seigneur, et là, on te dira ce que tu auras à faire.

Alors, toute splendeur disparut du Ciel, où ne brillait plus que l'œil ardent du soleil du midi.

Saul se releva au milieu de ses compagnons encore épouvantés et persuadés qu'ils avaient tous été victime d'un éclat de tonnerre, car, s'ils avaient vu et entendu eux aussi, leurs sens matériels avaient seuls été affectés, nulle vision du Ciel, nulle parole de Rédemption n'avait frappé leur âme.

— C'est un coup de tonnerre, se dirent-ils entre eux, poursuivons notre route.

Ils s'approchèrent, alors, du rabbi, pour prendre ses ordres, mais ils s'aperçurent que Saul était aveugle.

(1) S. Augustin, sur S. Jean, x.
(2) S. Matthieu, xxv, 40. S. Luc, x, 16.
(3) Actes, xxvi, 13.

Avec la logique impitoyable des gens bas et vulgaires, leur premier sentiment à la vue de cette infirmité de leur chef, fut un sentiment de mépris pour l'instrument, hier orgueilleux, aujourd'hui inutile et brisé, que l'on peut pousser du pied avec la lâcheté de l'âne qui insulte le lion mourant.

Ils prirent Saul par la main et, comme Damas n'était plus qu'à peu de distance, ils le menèrent à la ville, dans la rue Droite,[1] au quartier juif, chez un nommé Juda et, désormais sans chef, se concertèrent pour retourner au plus tôt à Jérusalem.

(1) Cette rue existe encore aujourd'hui, elle coupe la ville de Damas en deux parties. La maison où s'arrêta saint Paul se voit encore, érigée en église et desservie par des religieux.

VI

LE NOUVEL HOMME.

La cécité de Saul était bien réelle, ce n'était pas un de
ces éblouissements passagers qui succèdent à l'envahissement des prunelles par une aveuglante et soudaine clarté, il
s'était formé sur ses yeux une espèce de taie et comme des
écailles[1] qui empêchaient les rayons lumineux d'arriver
jusqu'à la rétine et d'influencer les nerfs optiques.

Par cet accident, la Providence pleine de sagesse avait
voulu tempérer par un peu de tristesse, l'allégresse excessive
de la lumière véritable.

Devant l'abîme ouvert à son intelligence par la grâce
d'En-Haut, l'orgueil eut, peut-être, gagné l'illuminé, la cécité
de ses yeux corporels lui rappella la nécessaire humilité, en
lui faisant toucher avec ses sens corporels et par analogie,
la profondeur des ténèbres anciennes de son âme.

Saul avait besoin, après une pareille merveille, de se
recueillir et de méditer sur les actes de sa vie passée, en
prenant des résolutions suprêmes pour l'avenir; pour cela, il
lui fallait la solitude, et voici que, providentiellement, il était

(1) Actes des Apôtres, ix, 8, 9; xxii, 11.

entré dans la nuit et séparé des hommes vains et futiles, par
un mur ténébreux qui, non seulement l'isolait de ses amis
par la cécité, mais encore par l'abandon et le mépris.

Aussi, se renferma-t-il dans un grand silence, jeûnant
rigoureusement et priant avec ferveur le Ciel de lui mani-
fester sa volonté.

Il en fut récompensé promptement, car, trois jours ne
s'étaient pas écoulés, que la science des mystères profonds de
la foi était entrée en lui, non par la bouche des hommes, mais
par la révélation de Jésus-Christ, en même temps qu'une
vision lui montrait, dans sa chambre, un homme inconnu qui
lui imposait les mains et lui ouvrait les yeux.

Cependant, le disciple Ananie ignorant la date de l'arrivée
du persécuteur à Damas, était en prières, lorsqu'une voix,
soudain lui parla.

Et cette voix l'appela par son nom :

— Ananie?

— Me voici, Seigneur, répondit le disciple docile.

— Lève-toi, dit la voix, et va dans la rue Droite. Arrivé
là, informe-toi de la maison de Juda, et demande à voir un
homme de Tarsus nommé Saul qui vient d'y arriver.

— Quoi! Seigneur, répondit Ananie, tu m'ordonnes
d'aller trouver cet homme. N'est-ce pas lui, comme je l'ai
entendu dire, qui a déchaîné des maux innombrables sur tes
saints, à Jérusalem? Et n'est-ce pas ce même homme qui
vient ici, muni des pouvoirs des Princes des prêtres pour se
saisir de tous ceux qui invoquent ton nom et les charger
de chaînes?...

Mais la voix du Seigneur reprit :

— Va, Ananie, et apprends que cet homme est mon vase
d'élection qui portera la gloire de mon Nom devant les
nations et les rois et me confessera devant les enfants
d'Israël, car je lui montrerai toutes les grandes choses dont
il doit être l'instrument pour la gloire de mon Nom!

La voix se tut, alors, et la vision s'effaça aux yeux du disciple Ananie.

Sans retard, il ceignit ses reins, prit son manteau et sortit de sa maison.

Bientôt il fut dans la rue Droite et trouva la maison de Juda dans laquelle il entra.

— N'y a-t-il pas ici un homme de Tarsus, nommé Saul, venu de Jérusalem à Damas et arrivé récemment? demanda-t-il.

— Oui, lui répondit Juda, entre, et tu le trouveras dans la nuit de la cécité et les ténèbres des yeux.

Ananie pénétra dans une petite pièce retirée, au fond de la demeure et vit un homme agenouillé qui priait en silence.

Aussitôt, s'approchant de lui, il lui imposa les mains et lui dit :

— Saul, mon frère, le Seigneur Jésus qui t'est apparu sur la route de Damas, m'envoie à toi afin que tu voies et que tu reçoives le Saint-Esprit.

Aussitôt, des yeux de Saul tombèrent comme des écailles, et il recouvra la vue.

— Maintenant, dit Ananie, en prenant de l'eau et en la répandant sur la tête du converti miraculé, je te baptise au nom du Père, du Fils et du Saint-Esprit. Reçois l'eau sainte de la régénération divine.

Saul, ayant reçu le baptême, accepta de prendre de la nourriture, pour se remettre des fatigues de son jeûne rigoureux et, suivant Ananie, il alla visiter les disciples de Damas auprès desquels il passa quelques jours.

Saul n'était plus et le grand Paul était né !

VII

L'ÉCLAT DU VERBE.

Cependant, les chefs des synagogues attendaient avec
impatience l'envoyé du Sanhédrin qui devait les aider à
combattre le christianisme naissant parmi eux.

De leur côté, avant de retourner à Jérusalem, les compa-
pagnons de Saul avaient résolu de les informer de ce qui
était arrivé.

L'un d'eux, fut donc député au chef de la principale
synagogue de Damas.

Dès qu'il fut en présence du scribe principal :

— Rabbi, lui dit-il, voici que je viens t'annoncer que,
par l'ordre du Sanhédrin, nous sommes venus à Damas,
accompagnant Saul, envoyé extraordinaire des princes des
prêtres, pour se saisir des disciples de ce Jésus, qui fut
crucifié par Pilatus en Jérusalem.

— Ah! répondit le scribe, vous êtes arrivés, enfin, et
depuis quand?

— Depuis plusieurs jours, rabbi.

— Et d'où vient que Saul ne s'est pas encore présenté
devant la synagogue, car j'imagine qu'il doit être porteur
de lettres, l'accréditant auprès de nous, pour la mission qu'il

doit remplir et pour l'exercice de laquelle notre appui est nécessaire.

— Oui, rabbi, mais il s'est passé, en chemin, des choses extraordinaires.

— Et que s'est-il donc passé ?

— Comme nous approchions de Damas, étant encore sur la route, quoique le ciel fut parfaitement pur et le soleil ardent, une lumière inconnue est tombée du ciel, éclipsant ses rayons pourtant éclatants, la foudre a grondé terriblement, nous avons tous été précipités par terre, et quand tout ce bruit eut cessé et que nous nous fûmes relevés, n'ayant aucun mal, nous autres, nous vîmes que la foudre avait brûlé les yeux de Saul et qu'il était, désormais, devenu infirme et incapable même de se conduire. Alors, nous l'avons conduit dans la rue Droite, chez un nommé Juda, qui l'a reçu et chez lequel nous l'avons laissé. Nous pensons que cette catastrophe a paralysé sa mission, son esprit paraît changé et même dérangé et nous avons résolu, après avoir tenu conseil, de retourner à Jérusalem raconter au Sanhédrin tout ce qui s'est passé.

— Vous ne retournerez pas à Jérusalem que vous ne m'ayez amené Saul, répondit le scribe, afin que j'entende de sa propre bouche, le récit de ces événements. D'ailleurs, rien ne dit que votre chef ne guérira pas et soit désormais incapable de remplir la mission que nos princes lui ont confiée.

— Il ne guérira pas, rabbi.

— Et qu'en sais-tu ?

Le soldat fit un geste concluant, indiquant combien il pensait la catastrophe sans remède.

— Les yeux, dit-il, sont couverts d'une taie épaisse, il les ouvre en vain et le soleil, lui-même, n'en peut pénétrer les ténèbres.

— Va le chercher et amène-le immédiatement ici, à moins que, trop malade pour venir, je sois obligé moi-

Tu tueras celui-ci, dit-il à Caligula, mais un autre t'en fera autant. (P. 151.)

même d'aller le voir chez ce Juda, dans la rue Droite.

Le soldat s'inclina et sortit pour obéir.

Le chef des scribes se rendit, alors, dans la salle de la synagogue où le peuple se rassemblait, à cet instant, pour la lecture de la Loi.

Quelle ne fut pas sa stupéfaction, en apercevant dans la chaire, un homme bien portant, en pleine force, les yeux sains comme ceux d'un enfant qui vient de naître et qui commençait un discours au peuple en disant :

— Hommes de Damas, peuple d'Israël, je viens vous annoncer la Bonne-Nouvelle de Jésus-Christ, parce que je sais qu'il est le Fils de Dieu.

L'étonnement des auditeurs, à ces paroles, n'eut pas de bornes et ils se dirent entre eux :

— Quoi? n'est-ce pas celui-ci qui est ce Saul qui persécutait tant à Jérusalem ceux qui invoquent le nom de ce Jésus? N'est-ce pas lui, aussi, qui était venu ici pour les charger de chaînes et les conduire aux Princes des prêtres?

Et, comme répondant à ces questions que le peuple se faisait sur lui et ses actes présents, Saul continua :

— Oui, je suis ce Saul qui a exercé à Jérusalem tant d'aveugles cruautés contre les membres du Seigneur Jésus-Christ, je suis ce féroce persécuteur, arrivé à Damas, pour continuer ces violences, ici-même, contre les chrétiens qui sont maintenant mes frères bien-aimés; mais le Seigneur Jésus a daigné m'éclairer sur la route de votre ville, je l'ai vu dans la Lumière de sa révélation, c'est de sa bouche même que j'ai appris sa glorieuse résurrection, lui-même m'a dit qu'il était assis à droite de Jéhovah son Père. C'est par son ordre que je suis venu en cette ville, pour lui rendre témoignage et opérer ses œuvres. Sachez que le Seigneur Jésus, en illuminant mon âme et en éclairant mon esprit, avait momentanément fermé les yeux de mon corps à la lumière matérielle et que c'est Ananie, son disciple, qui me les a ouverts. Croyez, mes frères, à la parole que je vous annonce, à Jésus Fils de Dieu, éternellement vivant dans le sein de Jéhovah le Seigneur, croyez à la vertu du Saint-Esprit qui descend sur ceux qui croient, et aux péchés effacés par l'eau sainte du baptême, car, ce que je vous annonce est la vérité même de Dieu.

En entendant des paroles si inattendues, la fureur des scribes et des prêtres de la synagogue n'eut pas de bornes.

S'ils eussent suivi le conseil de leur colère, ils se fussent saisi de l'Apôtre et l'eussent fait lapider par le peuple comme un blasphémateur.

Mais ils n'eurent garde, prudemment, de recourir à ce moyen extrême et violent.

Saul, en effet, ils le savaient, n'était pas un homme ordinaire. Sa vie passée disait assez quelle était sa valeur et combien de ressources il eut déployées, à l'occasion, contre ses ennemis.

Ils connaissaient sa haute éducation, sa science profonde, sa puissance d'argumentation, son éloquence entraînante. Loin de ressembler à ces humbles pêcheurs de Galilée auxquels nulle science profane n'était familière, tous les savants de son siècle eussent trouvé un maître dans la personne de Saul. Citoyen romain, il était intangible et il lui eut suffi de prononcer le nom de César pour susciter contre les Juifs, de la part de l'empereur, de funestes représailles.

Ils songèrent donc, avant tout, à prendre conseil du Sanhédrin, en envoyant un exprès à Jérusalem et, pour le moment, ils laissèrent l'apôtre parler dans les synagogues au milieu de la stupéfaction du peuple indécis devant l'inouï d'une pareille métamorphose.

Profitant de cette latitude, Saul enseigna avec une ardeur infatigable et une éloquence péremptoire, édifiant tous les fidèles déjà acquis au Christ et convertissant une foule de Juifs, que le seul miracle de sa subite conversion gagnait à la Foi nouvelle.

VIII

LA FUITE.

Des jours nombreux se passèrent ainsi et Saul était toujours à Damas, entièrement embrasé du feu dévorant de son apostolat.

Le Sanhédrin, toutefois, avait envoyé sa réponse.

Selon son habitude, il recommandait d'éviter un éclat, à cause du danger de voir l'apôtre mettre en avant son titre de citoyen romain et leur susciter ainsi des démêlés avec César.

— Il faut, néanmoins, se débarasser de ce dangereux adversaire, disaient, en substance, les lettres de Jérusalem; pour atteindre ce but, il n'y a qu'un moyen, le tuer secrètement dans une embuscade bien organisée.

Mais le Sanhédrin avait compté sans la Providence qui veille, avec sollicitude, sur les serviteurs de Dieu et, selon la parole du psaume, donne à chacun d'eux un ange avec ordre de veiller sur leurs pas, afin que leur pied ne heurte point la pierre du chemin.

Ce soir là, la communauté chrétienne était réunie chez Ananie le disciple.

A l'air préoccupé qui paraissait sur tous les visages, il était facile de voir que l'inquiétude dévorait tous les cœurs.

— Mes frères, disait le disciple, en s'efforçant de ramener la confiance dans les cœurs, ce que Dieu garde est bien gardé, soyez sûr que Notre-Seigneur Jésus revêtira notre Paul d'un bouclier de salut et l'empêchera de tomber entre les mains de ses ennemis. Celui que j'ai envoyé aux nouvelles est-il de retour ?

— Pas encore, père, dit-on tout d'une voix.

Et les uns disaient :

— Notre Paul n'a pas paru depuis hier, et personne ne l'a vu parmi nous.

— On l'a aperçu dans la rue d'Hiérapolis, dit l'un, il imposait les mains à un aveugle.

— Il a prêché hier près du temple d'Apollon, dit l'autre, et les gentils qui l'écoutaient avec admiration ne se rassasiaient pas de sa parole.

— Eh bien ! moi, j'ai entendu dire, affirma un autre, qu'il a baptisé, dans l'après-midi, avec l'eau de la fontaine du vieux palais de Ben-Hadab.

— Et moi, dit une voix, je suis sûr qu'à cette heure Paul est en prison ; je sais, d'assez bonne source, que les synagogues liguées contre lui, lui ont tendu un piège dans lequel notre Paul est tombé sans défiance ; on dit même que le Sanhédrin de Jérusalem a donné au chef des scribes, l'ordre de le faire mourir secrètement, en prison ou ailleurs et de manière à ce que l'on croie à une mort naturelle ou à un accident.

— C'est vrai, dit un nouveau venu, celui-là même que le disciple Ananie avait chargé, depuis quelques jours, de veiller de loin sur l'Apôtre et de s'efforcer de pénétrer les secrets de ses ennemis.

La chose n'était pas aisée et cet homme de confiance ne pouvait remplir sa mission que parce que, commerçant de son état, ses occupations le mettaient journellement en contact avec tous les mondes. Il voyait également Juifs et gentils, n'affichait pas sa Foi, jugeant sa discrétion plus utile à ses frères qu'un éclat et entendait tant de paroles de tant de bouches, dans la même journée, qu'il lui était arrivé souvent de pénétrer des secrets importants.

— Oui, dit-il, tout cela est vrai, Paul est traqué partout comme un esclave fugitif par tous les agents dont la synagogue peut disposer pour son service; oui, il a prêché près du temple d'Apollon; oui, il a été vu dans la rue d'Hiérapolis; oui, il a baptisé dans la fontaine du vieux palais de Ben-Hadab, mais il n'est pas arrêté ni emprisonné, à moins que cela ne se soit fait dans l'espace de temps qu'il m'a fallu pour venir de la rue Droite ici, car, il y a une demi-heure à peine, j'ai rencontré quelqu'un qui m'a affirmé l'avoir rencontré dans les environs de la porte de Balbeck. J'ai même chargé cette personne de courir le trouver pour lui dire, ce que je sais sûrement, que toutes les portes de la ville sont gardées par la synagogue et que, s'il essaie de sortir de Damas il ne le pourra pas et courra les plus grands dangers. Déjà, notre Paul en est averti et lui-même m'a dit et affirmé que la prudence lui conseillait de ne pas tenter de sortir de la ville et de faire en sorte qu'on ne puisse se saisir de lui autrement qu'en plein jour et publiquement, ce que n'osera jamais faire la synagogue.

— Alors, dit tristement quelqu'un, Paul est en prison à cette heure, car il m'a dit hier qu'il devait, aujourd'hui même, conférer le baptême à un Juif qui demeure hors de la porte de Balbeck; c'était un piège et il est pris.

— Prions! dit Ananie.

Au même instant, un enfant entra précipitamment dans la salle, en s'écriant :

— Voici Paul! voici le grand Paul.

L'apôtre le suivait de près et, à l'instant même, il était au milieu des fidèles dont la joie éclata en actions de grâces au Seigneur.

— Mes frères, leur dit l'apôtre, je viens vous faire mes adieux, car, peut-être ne vous reverrai-je plus. Je suis traqué par les Juifs qui gardent les portes de la ville, et obligé d'en sortir, ce soir même, pour administrer le baptême, il peut se faire que nos ennemis en profitent pour se saisir de moi, comme c'est leur intention.

— Père ! Père ! s'écrièrent tous les fidèles, vous ne ferez pas cela ! Un autre que vous donnera l'ablution au nouveau converti.

— J'ai promis, dit Paul.

— Mon frère, dit alors Ananie, vous avez raison, il vous faut sortir de Damas sans retard, vous ne pouvez plus rester ici car la persécution vous guette et la mort vous menace ; or, vous avez été appelé à de grandes choses par le Seigneur Jésus, qui, de son vivant même, parmi nous, nous a souvent ordonné de fuir nos ennemis et de quitter, pour une autre ville, celle où l'on nous persécute. Je me charge de baptiser ce Juif et, quant à vous, avec un peu d'audace et l'assistance du Ciel nous réussirons à vous faire sortir de Damas sans éveiller l'attention de nos ennemis. Voici un viatique d'argent et des provisions, j'ai reçu, en songe, l'ordre de vous faire partir en sécurité et le Ciel m'en a montré le moyen.

— Je me rends à vos ordres, dit Paul, et suis prêt à partir, si c'est la volonté du Seigneur.

La nuit était sombre. Ananie désigna quelques hommes vigoureux qui se munirent de cordes et d'un panier de jonc solidement tressé.

— Nous vous descendrons ainsi du haut des remparts, dit-il à Paul et demain la Synagogue vous cherchera en vain.

Tout le monde témoigna, alors, son approbation devant cet ingénieux projet en même temps que la joie de sauver Paul de ses ennemis et la tristesse de le perdre. Tous, aussi, voulaient être de l'expédition, mais Ananie, avec autorité, s'y opposa, leur faisant comprendre que de la plus complète discrétion dépendait le succès de l'entreprise.

— Adieu donc, mes frères, dit Paul, priez pour moi, indigne serviteur du Seigneur Jésus-Christ.

Mais tous se mirent à genoux, implorant la bénédiction de l'apôtre qui leur imposa les mains dans une invocation générale à l'Esprit-Saint.

La petite troupe se mit, alors, en marche, évitant avec soin les rues fréquentées, glissant dans l'ombre et le silence avec mille précautions et se gardant d'attirer, par des allures trop mystérieuses, la curiosité des rares passants que l'on rencontrait, soit à pied, en voiture ou en litière.

Une demi-heure leur suffit pour gagner les remparts dont les murs cyclopéens, construits par les Phéniciens, eussent défié les coups des plus puissantes catapultes.

Les portes étant assez espacées les unes des autres, le danger d'être vu par les sentinelles en était amoindri d'autant.

Après avoir embrassé Ananie et ses frères, le grand Paul s'installa dans la corbeille, se tenant solidement aux cordes, et, lentement le long des murs, il fut descendu par les fidèles chrétiens. [1]

Un choc léger leur indiqua que le voyageur avait touché terre.

Silencieusement, ils remontèrent le panier, replièrent les cordes et s'en retournèrent bénissant le Seigneur.

Ananie, sans perdre de temps, sortait de Damas placidement par la porte de Balbeck, ouverte sous la garde des soldats, pour aller baptiser le nouveau converti.

Les sbires de la Synagogue veillaient, en effet, aux remparts avec un soin jaloux.

____

(1) Les Actes, chap. ix, 22, 23.

Pendant ce temps-là, le grand Paul désireux de passer quelque temps dans les austères méditations de la solitude, à l'exemple de son divin Maître, des saints et des prophètes, investis par Dieu d'une grande mission, prenait tranquillement la route solitaire des déserts de l'Arabie.[1]

(1) S. Paul. Epître aux Galates, I, 17.

TROISIÈME PARTIE

LES PIEDS SUBLIMES

I

LE GLAS DES CHATIMENTS.

Ce n'est jamais en vain que l'homme essaye de lancer le blasphème contre le Ciel.

Dieu, dans son éternelle et incommensurable bonté, ne demande qu'à répandre le pardon et la clémence sur tous, comme il dispense également sur la terre les rayons du soleil et la rosée des nuits, et son cœur infini ne bat pas pour la vengeance.

Quand la foudre frappe l'homme, c'est parce que l'homme insensé a défié ou provoqué le tonnerre.

Celui qui aime le danger, a dit l'Esprit-Saint, périra.

Quand l'homme fait le mal, il engendre des puissances de ténèbres qui se retournent contre lui pour le dévorer.

Cités impies, c'est votre impiété même qui vous châtie, criminels, ce sont vos crimes devenus les farouches démons de votre âme, qui vous torturent dans le remords et vous jettent malgré vous dans les gouffres du châtiment, soit que le désespoir arme votre bras contre vous-mêmes ou que vous alliez invinciblement vous offrir à la punition méritée.

Sachez que lorsque vous commettez un péché, vous sécrétez un poison, dont l'habitude augmente la violence, et que les maux qui en résultent pour vous, pécheurs, dans votre corps ou dans votre âme, sont simplement les effets de ce poison que vous avez vous-mêmes distillé, et qui retombe sur vous en rosée délétère.

L'heure allait sonner où Jérusalem, la déicide, allait subir l'avant-goût des malheurs prédits par Jésus quand, du haut de la montagne des Oliviers, il pleurait sur le sort misérable et prochain qui devait désoler la ville pécheresse et endurcie.

Les Synagogues de Damas, avaient vu avec colère leurs plans déjoués par la fuite de Paul. Le fruit de leurs calomnies contre l'apôtre qu'ils avaient dénoncé à Arétas, roi d'Arabie et maître de Damas, comme perturbateur de la paix publique, était entièrement perdu et c'était en vain que l'ethnarque, gagné par eux à prix d'or, leur avait prêté l'appui de son autorité et de ses soldats pour l'arrêter dans la ville ou le laisser tuer sans protestation aux portes, lorsqu'il essayerait d'en sortir.

Le grand Paul, à peine sorti de Damas, se réfugia dans une grotte, où il se cacha pour, de là, gagner le désert qui attire les grandes âmes et où elles se replient sur elles-mêmes, dans l'éloignement du bruit des villes et du tumulte humain.

Il vécut là de la vie contemplative, dans le silence et sans prêcher, selon l'ordre qu'il en avait reçu de Dieu.[1]

Mais, si son choix se porta sur l'Arabie, ce ne fut pas par un simple hasard. L'Arabie, cette large presqu'île qui va de l'Euphrate à l'Egypte, et tire son nom du *mélange de son peuple*[2] composé d'Ismaélites, de Madianites et d'Amalé-

---

(1) Ep. aux Galates, I, 17. — S. Jérôme pense que S. Paul ne prêcha pas en Arabie, d'autres docteurs pensent le contraire. Les Actes se taisent sur ce point.

(2) Jérémie, XXV, 20, 24.

cites, se divise en Arabie Heureuse, Pétrée et Déserte. A
bien des titres, elle est une terre biblique.

C'est de l'Arabie Heureuse, que la reine de Saba vint
visiter Salomon, en grand appareil.

C'est en Arabie Pétrée, qui tire son nom de la ville
cyclopéenne de Pétra, située au pied du mont Hor, que se
trouve le mont Horeb, de sublime mémoire, le pays de
Madian, refuge de Moïse fuyant la colère du roi d'Egypte,
sol sur lequel, pendant quarante ans, il médita le salut
d'Israël.

L'Arabie Déserte se rattache, de son côté, à l'Arabie
Heureuse par le nord-ouest, tandis que l'Arabie Pétrée s'y
relie par le nord.

Ce fut en Arabie Pétrée, que le grand Paul se rendit par
le nord, avide de méditer l'Evangile sur le sol même où
Moïse avait médité la Loi. Le prophète Elie n'avait-il pas
été méditer, lui-même, dans les solitudes de l'Horeb encore
frémissantes du souffle des communications divines?

Dans cette atmosphère pleine du souvenir de tant de
révélations merveilleuses, Paul allait puiser des lumières
incomparables sur le sens profond de la Foi qui avait
régénéré son âme et demander des clartés sublimes, au
même esprit qui avait révélé à Moïse les plus profonds
mystères de la loi sainte de JOHAH ELOHIM.

Digne enfant de Moïse et d'Elie, il était susceptible d'y
recueillir les derniers échos du tonnerre de Jéhovah, gron-
dant encore dans la mémoire, à peine endormie, des rochers
du Sinaï.

Et puis, Hébreux et Arabes n'avaient-ils pas la même
origine? Abraham avait engendré de Cétura, Jéxan et
Madian : de Jéxan était sorti Saba, Epha était issu de
Madian. « Lève-toi, Jérusalem, avait dit Isaïe le prophète,
en parlant des mages qui devaient venir adorer le Christ
enfant, sois illuminée.... Une inondation de chameaux te

couvrira, les dromadaires de Madian et d'Epha, tous viendront de Saba apportant l'or et l'encens.[1] » Balaam n'avait-il pas vu des hauteurs de Moab et prophétisé, des sommets de Madian, *l'Etoile de Jacob?*[2] « Les rois d'Arabie et de Saba, avaient dit les Psaumes,[3] apporteront des présents. »

Les Juifs, d'ailleurs, étaient nombreux dans l'Arabie Pétrée et l'Arabie Heureuse et, à tous ces titres, Paul ne pouvait choisir un lieu de retraite temporaire plus solennel, plus conforme à l'état de son esprit, et plus propice à la préparation de son génial et futur apostolat.

Et pendant qu'il se livrait à ses profondes méditations, la Justice divine s'appesantissait sur les persécuteurs de Jésus-Christ et de ses disciples, et le vent des catastrophes commençait à souffler en Judée, prélude des plus sombres tempêtes.

L'empereur Tibère avait nommé Lucius Vitellius gouverneur de la Syrie, et celui-ci avait inauguré son gouvernement par une visite à Jérusalem, au moment de la fête de Pâques et y avait été reçu avec une grande magnificence. Reconnaissant envers les Juifs, pour ces honneurs rendus à sa personne, il avait déchargé la ville des impôts qui se levaient sur les fruits qui s'y vendaient, et avait rendu aux Juifs la garde du vêtement pontifical du Grand-Prêtre et des autres ornements qui, jusqu'alors, avait été conservés par les Romains et Hérode, dans la forteresse Antonia, voisine du Temple, qu'elle dominait et surveillait sans cesse. Mais, près de partir pour Antioche, capitale de son gouvernement, il avait déposé le Grand-Prêtre Caïapha, et lui avait substitué, dans la charge de souverain pontife, Jonathas fils d'Ananus.

(1) Isaïe.
(2) Nombres, xxiv.
(3) Psaumes, lxxi.

Et dans une rage de désespoir, Caïapha, qui avait fait souffleter le Christ, au pied de son tribunal, se donna la mort de ses propres mains.

Peu de temps après, une sédition éclata dans Jérusalem, et Ananus, qui avait condamné Jésus avant même que Pilatus eut rendu la sentence juridique, fut ignominieusement étranglé en public, et son corps, traîné sans vêtements dans les rues de Jérusalem, fut jeté à la voirie publique avec les ordures et les cadavres d'animaux.

Pendant ce temps-là, l'audace de Simon, le faux messie, l'apostat et le magicien tentait, de nouveau, d'agiter Samarie, au profit de son orgueil colossal et de ses monstrueuses hérésies.

A l'aide de la puissance des démons, il reprit son art infernal et soutint de nouveau son infâme imposture.

Il rassembla ses partisans dans Samarie et leur promit de les mener sur le sommet du mont Garizim, où, disait-il, Moïse y avait enterré les vases sacrés du culte ancien de Jéhovah et de grands trésors.[1]

Mais Pilatus qui était encore gouverneur, à cette époque, en Judée, s'alarma de cet enthousiasme fait de fanatisme et de cupidité, et, sur la foi de ses conseillers crût à une conspiration judaïque ourdie contre l'Empire.

Il envoya donc contre ceux qu'il croyait des rebelles dangereux, une troupe de soldats romains, avec ordre de les exterminer.

Il fut obéi et tous périrent dans le massacre, à l'exception de quelques-uns au nombre desquels l'imposteur magicien qui parvint à leur échapper.

Indignés de cette atrocité dont Pilatus n'était cependant pas coutumier, les Samaritains portèrent leurs doléances au tribunal de Lucius Vitellius, nouveau gouverneur de la

____

(1) Josèphe. *Antiquités*, l. XVIII, ch. 5.

Syrie, qui ordonna à Pilatus d'aller à Rome se justifier de ce crime auprès de l'empereur Tibère.

Et Pilatus partit pour Rome.

Cependant, Rome elle-même, livrée pieds et poings liés à la sauvage domination du tigre impérial se remuait dans les chaînes de son opprobre, incapable de les secouer mais cruellement souffrante des saignées perpétuelles que lui faisait subir cet abatteur de têtes à quelque classe qu'elles appartinssent, cet accapareur d'argent, ce pourceau divinisé par la lâcheté d'un sénat sans pudeur et l'esclavage d'un peuple amolli et avili qui rampait autour de Caprée, d'où tombait sur lui la manne des proscriptions incessantes, des tyrannies atroces et de l'ordure sans nom que rendait sacrée le prestige sanglant du laurier impérial.

Les annales de l'historien Tacite nous montrent l'empire romain, nageant, alors, dans la débauche, les crimes et le sang.

La veille comblés d'honneurs, investis de la confiance de l'empereur, proclamés intègres et patriotes, le lendemain, accusés de trahison, chargés de chaînes, avilis de honte, livrés à la hache du licteur, tel était le sort des plus illustres citoyens de la Rome de Tibérius. Celui-ci dénonçait pour ne pas être dénoncé lui-même; celui-là trafiquait de sa délation payée grassement par César; cet autre s'ouvrait les veines par ordre du monstre ou sous une apparence de zèle, en réalité pour échapper à un supplice plus ignominieux.

Les femmes, elles-mêmes, n'étaient pas à l'abri du danger; si l'on ne pouvait pas les accuser d'avoir trahi la république ou conspiré contre l'empire on incriminait leurs larmes, quoique justes et innocentes, et l'on accusait leur deuil légitime de haute trahison envers César. C'est ainsi que Vitia, la vieille mère de Fusius Géminus, subissait la mort pour avoir pleuré son fils! Et que d'autres avec elle!...

En ce temps-là, dit Tacite, le Pontife Pison mourut de

mort naturelle, chose rare pour l'époque vu la grandeur de sa réputation.

Et la famine désolait Rome au point que le peuple remplissait le théâtre de ses réclamations et de ses plaintes séditieuses contre Tibérius qui blâma le sénat d'avoir souffert ces murmures.

Et des conjurations se tramaient dans l'ombre contre le féroce tyran. Mais, à Rome, l'ombre n'avait pas de secret et la nuit pas de mystères; l'ami livrait son ami, le fils dénonçait son père à César et la hache du licteur avait le dernier mot, quand les condamnés ne prévenaient pas ses coups en s'étranglant, comme Celsus le fit dans sa prison, avec les liens qui l'enchaînaient.

Malgré les lois, les usuriers profitant de la calamité des temps dévoraient Rome, toute vive, et, ni l'Empereur, ni le sénat, ni les consuls n'arrivaient à arrêter ces abus au souffle desquels s'écroulaient avec fracas les plus hautes fortunes patriciennes.

Pendant ce temps-là, un futur monstre rampait aux pieds du trône de Tibérius, Caligula s'exerçait à l'Empire, lâche comme un valet, féroce comme un jeune tigre qui lèche le sang des victimes, prêt à sacrifier toute sa famille sur un signe de l'Empereur du caprice duquel dépendait sa fortune.

En ces jours atroces, Asinius Gallus meurt de faim, par ordre supérieur, et Drusus, condamné à la même peine, survit pendant neuf jours, en dévorant la laine de son matelas. Puis, c'est Agrippine qui meurt à son tour, de faim, volontairement, ou par ordre, dit Tacite, afin que la mort de cette princesse impériale parût plus naturelle! Et Tibérius se vante de sa clémence qui ne l'a point fait étrangler, et le sénat applaudit César et vote, à cette occasion, des actions de grâces et des fêtes commémoratives à Jupiter. Et Tacite raconte en ses annales, sous forme de digression, les exploits de Vitellius dans les provinces romaines, pour faire diversion, dit-il, à l'ennui que lui cause l'enregistrement monotone des mêmes calamités intérieures et domestiques.

On change de consuls, ce qui arrivait souvent, et voici encore et toujours de nouvelles atrocités, mais on était tellement accoutumé aux meurtres et aux supplices, dit le même historien, qu'on ne s'en étonnait plus.

Puis, c'est le mont Aventin et le cirque qui brûlent et l'empereur, généreux pour une fois, paye des indemnités pour reconstruire les maisons qui ont été la proie des flammes.

Enfin, apparaissent sur la scène les deux derniers consuls du règne de Tibérius sous lequel la puissance du favori de l'empereur, Macron, n'avait plus de bornes, car il s'insinuait de plus en plus dans les bonnes grâces de Caligula par toutes sortes de basses flatteries, sentant que le vent du pouvoir soufflait de son côté, quoique, déjà, Tibérius songeait, en secret, à remplacer Caligula par Drusus pour sa succession à l'Empire, malgré le peuple qui espérait, en lui, voir se lever l'aurore d'un temps moins cruel.

Mais, déjà, l'impérial ivrogne sentait la vie lui échapper. Accablé de hideuses infirmités, ce vieillard voûté et chancelant dont les seules solitudes de son palais de Caprée voyaient, de temps en temps, passer la figure affreuse rongée par les ulcères, s'affaiblissait de jour en jour, et las, enfin, de tant d'horreurs et d'une vie si occupée par les crimes, les forces venant à lui manquer, il abandonnait au destin le sort de l'Empire, prévoyant avec une féroce sûreté de coup d'œil, ce qui arriverait.

— Infâme Macron, disait-il amèrement à son favori, tu adores le soleil levant et tu abandonnes l'astre à son couchant!

Il marquait ainsi son regret de voir son confident tourner au vent de la faveur et saluer l'aurore du pouvoir nouveau, et il regrettait, sans doute, de ne plus avoir la force de lui faire subir le sort de Séjan.

Un jour, il avait entendu Caligula se moquer, en sa présence, de Sylla le dictateur.

— Tais-toi, lui dit l'Empereur, tu auras tous ses vices et pas une de ses vertus.

Et, montrant Drusus qu'il embrassa, devant son futur successeur :

— Tu tueras celui-ci, dit-il à Caligula, mais un autre t'en fera autant.

Et, tout affaibli qu'il était, esclave de l'orgie, il continuait à en donner le scandale à l'Empire en y vautrant ses cheveux blancs, avec fureur.

Déjà, Caligula faisait dresser à Rome les listes des proscriptions qui allaient confondre dans la même et farouche hécatombe tous les amis du vieil empereur agonisant.

En voyant la dégradation de Tibérius qui avait eu une jeunesse austère, les hommes sages se demandaient ce que serait Caligula, élevé à l'école de tous les vices et corrompu par l'infâme Macron qui s'était étudié à en faire un monstre parfait.

Tibérius n'avait plus qu'une ombre de vie et il était encore ce politicien prodigieux et dissimulé dont la ruse avait toujours étonné l'Empire. Son extérieur gardait sa gravité ordinaire et ses paroles étaient restées sévères sous un masque de raillerie intermittente qui dissimulait ses défaillances visibles.

Déjà, il sentait le besoin d'ajouter à cette hypocrisie, des voyages, pour faire croire, en lui, à un reste d'énergie.

Accablé par le mal, il échoua à Micènes dans une maison jadis appartenant à Lucullus, et chacun vit en cela un présage de sa fin imminente.

Le médecin Chariclès qu'on appelait dans les circonstances graves, vint le voir et, pour lui tâter le pouls, feignit de lui baiser la main, prétextant que ses affaires l'obligeaient à se retirer un instant.

Tibérius était à table où il avait pris le peu de nourriture que lui permettait son état, il s'aperçut de la ruse de Chariclès et, par bravade, fit servir de nouveau des vins et des plats et mangea avec un imprudent excès.

— Eh bien? demanda Macron à Chariclès.

— Le pouls est faible et c'est une affaire de deux jours, répondit le médecin en se retirant.

Aussitôt, on envoya des courriers aux armées, on assembla des conseils secrets pour pourvoir à toutes les éventualités de cette mort imminente.

Tibérius agonisait et, déjà, Caligula se saisissait de l'Empire, quand l'impérial ivrogne cria tout à coup d'une voix farouche :

— A boire et à manger, esclaves !

Caligula était atterré de cette résurrection soudaine, mais son infâme précepteur veillait.

Par l'ordre secret de Macron, Tibérius sommeillant fut étouffé sous des couvertures.

Ainsi mourut le monstre, auquel devaient en succéder tant d'autres, à l'âge de soixante dix-huit ans, emportant avec lui un lambeau de gloire noyée de sang, trempée de larmes et une mémoire vouée à la malédiction d'un monde.

Pendant ce temps-là, une galère amenait à Rome un homme au front chauve, au profil césarien, qui, penché sur les flots, muet, semblait en proie à la mélancolie la plus profonde.

Sa robe blanche ineffaçablement tachée de sang s'agitait au vent de la mer comme les affreuses girations des ombres d'un cauchemar.

Ah! il avait cru, jadis, laver dans une simple cuvette ces mains blanches et patriciennes souillées du sang innocent du Juste, elles étaient restées rouges à ses yeux, portant, pour l'éternité, devant la conscience bourrelée de Pilatus, le témoignage de la lâcheté.

Si ses yeux se fermaient pour le sommeil, les spectres de ses victimes de Samarie venaient, tout sanglants, tourbillonner devant lui; il les voyait, hideux, dans les rictus de l'agonie, il les entendait, hurlants, dans les hoquets tragiques de la mort, et ce n'était là que le premier plan de l'infernal tableau de ses remords.

Dans le lointain de son rêve obsédant et vengeur, il revoyait son tribunal assailli par la foule hurlante des Juifs assoiffés de sang, et ce doux Innocent au front sanglant couronné d'épines aigues, brisé dans ses membres et déchiré dans sa chair par les verges des bourreaux cruels, au milieu des cris impitoyables de la foule de ses ennemis demandant sa mort sans merci, et lui, Pilatus, lui qui avait vu le Juste devant ses yeux, lui qui avait entendu sa sublime parole, lui qui, dans sa froideur de romain blasé, avait admiré en lui la splendeur de l'innocence, l'éclat de la vertu et un monde de bonté, avait prononcé l'injuste sentence et envoyé au supplice un homme qui invoquait le paternité de Dieu et prouvait par des œuvres étonnantes sa filiation divine!

Et le fond du tableau était le Golgotha, sanglant et lumineux dans le miracle du soleil obscurci et le fracas du sol ébranlé, et ce cri retentissant des Juifs féroces :

— Sur nous son sang! et sur nos enfants!

Et lui, lui, n'avait-il pas sa part dans cette rosée féconde? lui aussi, n'était-il pas un maudit?

Son scepticisme ébranlé au vent des méditations sombres, glaçait son cœur comme un frisson d'agonie; il ne croyait pas au mystère de la vie reliée à Dieu, il doute même maintenant de la sécurité de la mort.

. . . .

Cependant le vaisseau aborde au port, Pilatus en descend et un reste d'espoir le berce ; Tibérius le connaît, il excusera peut-être ses fautes, en se souvenant de ses vertus administratives et de son dévouement à César.

Mais Tibérius n'est plus. Caligula, empereur, n'aspire qu'à se débarrasser de toutes les créatures de son prédécesseur. Sa cause est perdue d'avance et, en effet, un ordre de l'Empereur l'exile en Gaule.

Vindobona[1] reçoit le procurateur déicide que la clémence de l'Empereur a sauvé de la hache du licteur.

. . . .

Endors-toi sur tes lauriers sanglants, Pilatus, dors du sommeil tranquille de la barque désormais abritée des flots !...

Ironie de la clémence ! gouffre des fatalités vengeresses et tocsin des damnations déchaînées !

. . . .

Est-ce l'ombre de Caïapha qui appelle le parangon de son crime ?

Pilatus n'est plus car, déjà, sa main a remplacé celle du licteur, et le suicide a précipité dans la tombe celui qui a condamné le Christ.

Dans la tombe et non dans l'oubli !

— Pontius Pilatus ! crient encore les échos des siècles.

Et tant qu'il y aura des hommes sur la terre une voix répondra :

— Hypocrite et lâche !

. . . .

Bientôt après, un autre criminel arrivait à Lugdunum,[2] dans cette même Gaule romaine, également proscrit par Caligula et y mourait de la mort la plus lamentable. C'était

(1) Vienne en Dauphiné.
(2) Lyon.

Hérode Antipas, fils de Hérode-le-Grand, tétrarque de la Galilée et meurtrier de Jean-Baptiste.

Hérode-le-Grand était mort, rongé vivant par les vers, trois ans après la naissance du Sauveur.[1]

(1) *Annales* de Tacite, l. **v** et vi.

II

Les apôtres, toujours à Jérusalem, continuaient leurs prédications et leurs œuvres, malgré la persécution que la conversion de Paul n'avait pas arrêtée et qui continuait à sévir sur les disciples du Christ, suivant la formidable impulsion que lui avait donnée le grand persécuteur des saints.

Jusqu'ici, fidèles à l'ordre de leur Maître, leurs efforts n'avaient visé que la conversion des Juifs, le Christ leur ayant dit qu'au jour de son retour triomphant sur les nuées du ciel, cette tâche ne serait pas encore parfaite.

Les gentils, d'ailleurs, ne paraissaient point préparés à recevoir la semence évangélique et l'intervention divine pouvait seule, par un miracle, préparer cette terre pour la germination future du froment du Salut.

Mais le monde entier était appelé à participer aux fruits divins de la rédemption du Calvaire et toute la postérité d'Adam devait poser ses lèvres à la coupe de bénédiction.

Le Seigneur Jésus avait dit cela aussi, et l'Esprit-Saint allait se charger de réaliser cette promesse divine.

Déjà, bien des disciples, fuyant les persécutions, avaient,

par leurs œuvres lointaines, soufflé la brise de l'idéal nouveau à travers les villes étrangères où beaucoup de païens étaient mélangés de quelques Juifs et ceux-là avaient, malgré eux, prêté l'oreille aux harmonies, encore confuses pour eux, de la grâce et aux consolations régénératrices de la Croix.

La Phénicie, Chypre, Damas, Antioche, Samarie, Césarée, retentissaient déjà du nom du Christ répété avec honneur par d'innombrables bouches fidèles.

Gagné par la grâce, un centurion[1] romain de Césarée dont la vie fut illuminée par la foi, reçut un jour, pendant qu'il priait, la visite d'un Esprit céleste qui lui dit :

— Tes prières, Corneille, et tes bonnes œuvres sont montées jusqu'au trône de la Miséricorde Divine. Voici ce que tu vas faire : Envoie des hommes à Joppé dans la maison d'un certain corroyeur nommé Simon, qui habite près de la mer, ils y trouveront là un autre Simon surnommé Petrus qui y loge momentanément, c'est celui-ci qui te dira ce que tu as à faire.

A ces mots, l'ange disparut.

Corneille appela, alors, deux de ses serviteurs, soldats comme lui, et craignant Dieu, leur raconta ce qui lui était arrivé et les envoya à Joppé.

Or, il arriva que, le jour suivant, comme ils approchaient de la ville, Pierre étant monté sur le toit solitaire pour prier vers la sixième heure,[2] après son oraison demanda à manger, sentant la faim, et comme on lui préparait sa nourriture, il vit, dans une extase, le ciel s'ouvrir et se déployer une nappe chargée des animaux les plus divers, quadrupèdes, oiseaux et reptiles vivants.

______

(1) Le centurion romain était un officier qui avait le commandement d'une compagnie de cent hommes.

(2) Midi, selon la numération horaire des anciens.

Et une voix lui dit :

— Lève-toi, Pierre, tue et mange !

— Dieu m'en garde ! Seigneur, répondit l'Apôtre, car rien d'impur n'a jamais touché mes lèvres, selon la Loi de Moïse.

— Ce que Dieu a béni n'est pas impur, reprit la voix, par trois fois, pendant que s'effaçait cette vision.

Et comme Pierre demeurait perplexe, l'esprit fermé au sens de ce qu'il avait vu et entendu, les envoyés de Corneille étaient sur le seuil de la maison, demandant à Simon s'il le connaissait.

Pendant ce temps-là, l'Esprit-Saint disait à Pierre :

— Lève-toi, car trois hommes t'attendent en bas, descends et pars avec eux, sans crainte, car c'est moi qui te les ai envoyés.

Etant descendu :

— Me voici, leur dit-il, que me voulez-vous ?

Ils lui racontèrent, alors, l'objet de leur voyage et ce qui était arrivé au centurion, et l'hôte les y ayant invités, ils entrèrent dans la maison.

Pierre, sans tarder, se mit en route avec eux, accompagné aussi par plusieurs de ses frères de Joppé.

Le jour suivant, ils entraient à Césarée où Corneille les attendait, entouré de ses parents et de ses amis.

En voyant l'Apôtre entrer dans sa maison, le centurion se jeta à genoux devant lui et le vénéra.

Aussitôt, Pierre le releva et lui dit :

— Lève-toi, mon ami, car je ne suis qu'un homme comme toi-même.

Et s'adressant à tous ceux qui étaient là :

— Vous savez, leur dit-il, que les Juifs ont en abomination toute alliance avec les étrangers; eh bien ! Dieu m'a fait connaître qu'à ses yeux nulle créature humaine n'est impure ni méprisable. Voilà pourquoi je suis venu avec

Et le fond du tableau était le Golgotha, sanglant et lumineux
dans le miracle du soleil obscurci et le fracas du sol ébranlé. (P. 153.)

empressement. Maintenant, dites-moi pourquoi vous m'avez envoyé chercher ?

Corneille prit, alors, la parole et lui dit :

— Pendant que je priais, à la neuvième heure, un ange vêtu de blanc m'est apparu et, se tenant devant moi, m'a dit : « Corneille, ta prière est exaucée et tes bonnes œuvres sont agréables à Dieu, envoie donc chercher à Joppé chez Simon le corroyeur qui demeure près du rivage, celui qu'on appelle Simon-Pierre. » Aussitôt, j'ai obéi et tu as bien voulu venir et maintenant nous sommes tous prêts à écouter ce que tu vas nous enseigner sur le Seigneur.

Pierre, alors, parla :

— Je suis venu, en vérité, dit-il, parce que Dieu appelle indistinctement à lui quiconque est agréable à ses yeux, par ses œuvres. Par son ordre, j'annonce la Paix et le Salut aux enfants d'Israël au nom de Notre-Seigneur Jésus-Christ ; vous savez qu'il a parlé en Galilée et dans toute la Judée, après avoir reçu le baptême des mains de Jean, qu'il a été rempli de la force du Saint-Esprit et qu'il a passé en faisant le Bien, en guérissant les infirmes et en chassant les démons parce qu'il était la Vertu de Dieu. Nous sommes témoins de ce qu'il a fait en Judée et à Jérusalem parmi les Juifs qui l'ont crucifié, nous qui avons vécu avec lui, nous attestons qu'il est ressuscité le troisième jour et s'est montré à nous par la grâce de Dieu. Or, il nous a ordonné de porter devant le monde le témoignage de ses œuvres et de prêcher sa doctrine, car il a été établi par Dieu, Juge des vivants et des morts. Tous les prophètes lui rendent témoignage et les péchés sont remis au nom de Jésus-Christ à quiconque se repent de ses fautes et croit en Lui.

Pierre parlait encore lorsque, soudain, l'Esprit-Saint remplit les assistants qui se mirent à parler les langues les plus diverses en rendant gloire à Dieu.

— Voici que le baptême ne peut plus être refusé à ces

hommes, s'écria Pierre, car ils ont reçu miraculeusement le Saint-Esprit comme nous-mêmes.

Et, par son ordre, ses disciples les baptisèrent tous, sur-le-champ, au nom de Jésus-Christ.

Et, sur leur prière instante, Pierre demeura quelques jours avec eux.[1]

(1) Les Actes, ch. x.

III

DANS SION.

Une grande nouvelle s'était répandue parmi les fidèles de Jérusalem partagés entre la crainte et l'espérance.

Celui qu'on appelait déjà « le grand Paul » était dans les murs de Sion.

Les apôtres réunis dans le cénacle et entourés de nombreux disciples, commentaient cette nouvelle avec inquiétude.

Trop peu de temps s'était écoulé depuis les grands scandales donnés par Saul par ses œuvres sanguinaires en Jérusalem; sa férocité était trop dans la mémoire de tous pour que le premier sentiment, à la nouvelle de son arrivée, ne fut pas un sentiment de crainte et de défiance.

N'avait-il pas feint de se convertir, pour pénétrer dans l'assemblée des saints et ravager ensuite plus sûrement l'Eglise de Jésus-Christ?[1]

L'exemple néfaste de Simon de Samarie était là pour conseiller la prudence.

On n'avait reçu, il est vrai, que de vagues nouvelles de

(1) Tous le craignaient et ne pouvaient croire qu'il fut devenu un disciple, disent les Actes, ch. ix, ℣. 26.

Damas et nul n'était positivement informé de la nature exacte des événements.

Paul, cependant, après avoir longtemps médité dans le désert de l'Arabie Pétrée, avait compris que, pour travailler utilement à la vigne du Seigneur, les révélations ne lui suffisaient pas et qu'il fallait encore qu'il se mît en rapport avec le chef des ouvriers et qu'il vît Pierre qu'il ne connaissait pas, afin de s'entretenir avec lui sur l'exactitude des traditions et des points de discipline.

Les esprits étaient dans cet état lorsque Barnabé, l'apôtre, ayant rencontré Paul l'amena au Cénacle.

— Mes frères, dit-il, voici Paul qui a vu le Seigneur sur le chemin de Damas, a appris la vérité de sa bouche et a rempli Damas de la gloire du Nom de Jésus-Christ.

Et il leur raconta en détail tout ce qui s'était passé.

Désormais, les doutes étaient levés et tous les fidèles reçurent Paul comme un frère bien-aimé.

Dès le lendemain, il se mit à prêcher dans Jérusalem, aux Juifs, aux Grecs et aux gentils, convertissant beaucoup, suscitant plus de colères encore, haï des Juifs qui le considéraient comme un renégat, détesté des Grecs qui l'accusaient d'imposture et de sophisme, courant mille dangers de toutes sortes au nom de Jésus-Christ.

Un soir qu'après avoir prêché près du Temple, Paul se dirigeait vers le Cénacle pour célébrer avec les fidèles et les Apôtres la Cène du Seigneur, comme il marchait drapé dans son manteau où l'on ne voyait plus ni houppes violettes ni totaphots, il s'aperçut qu'il était suivi.

Un homme drapé dans un manteau sombre ne perdait point ses pas de vue, attentif au moindre de ses détours.

— Qu'est-ce que cela? se demanda Paul, est-ce un espion du Sanhédrin, ou la haine des Grecs m'enverrait-elle un sicaire pour me tuer en trahison à quelque coin de rue sombre?

Il venait de passer la maison de Caïphe et l'étranger le suivait toujours.

Enfin, l'homme ayant gagné du terrain s'approcha et lui mettant la main sur l'épaule :

— Saul! dit-il.

L'Apôtre reconnut la voix :

— Calamus! s'écria-t-il, encore à Jérusalem?

— Que veut dire tout ceci et quel spectacle d'inconstance dans les idées présentes-tu à ceux qui t'écoutent? Naguère, féroce comme un tigre, tu poursuivais sans merci tous ceux qui invoquaient le nom de Jésus de Nazareth, et voici que maintenant tu prêches ce même Jésus à la foule, faisant les œuvres de ceux que tu persécutais jadis!

— Sache donc, lui répondit l'apôtre, que la Grâce du Seigneur Jésus est descendue sur moi et que je suis devenu un nouvel homme. Je ne me nomme plus Saul mais Paul, car le baptême, en me régénérant, a changé jusqu'à mon nom. J'étais dans l'erreur et dans l'aveuglement, Calamus, et maintenant je suis dans la vérité et la lumière. Romain toujours sceptique, sans doute, tu ne peux comprendre ces merveillés; ah! si tu pouvais savoir combien grand est Jésus, combien pure est sa doctrine, combien divines sont ses œuvres! Toi aussi, quittant les autels des dieux étrangers, tu demanderais la foi au Saint-Esprit.

— Paul, répondit alors Calamus, sais-tu si nul changement ne s'est opéré en moi? Sais-tu si, venu à Jérusalem pour m'instruire, je n'ai pas trouvé plus que la science?

— Dis-tu vrai, et toi aussi croirais-tu au Seigneur Jésus-Christ Rédempteur et Sauveur?

— Ta haine contre les disciples du Christ a commencé en moi une œuvre de salut, répondit le Romain, et j'ai aimé ceux que tu haïssais; de là à aimer leur Maître il n'y avait pas loin et j'aime ce Jésus que j'ai appris à connaître et qui, vraiment, était un Dieu.

— Il était Dieu! corrigea Paul, sois-en sûr, Calamus, Jéhovah, lui-même, l'a assis à sa droite. Et tu es chrétien? Dis-moi que tu es chrétien!

— J'appartiens aux nations que les Juifs haïssent, dit Calamus avec tristesse, et, sachant cette prévention, j'ai gardé mon désir irréalisé.

— Qu'à cela ne tienne, ami, répondit Paul, toutes les barrières sont désormais levées par Dieu lui-même qui appelle toutes les nations à lui. Crois-tu en Jésus-Christ Notre-Seigneur et Dieu du ciel et de la terre?

— Je crois, dit Calamus.

— A sa mort, à sa résurrection?

— Je crois.

— A la rémission des péchés, à la vie éternelle?

— Je crois! dit le Romain.

Alors, Paul étendant les mains sur lui :

— Reçois le Saint-Esprit, lui dit-il.

Et, s'approchant d'une fontaine dont l'eau murmurait dans le silence de la nuit, il en prit dans le creux de sa main et la versa sur le front du Tarsien en disant :

— Je te baptise au Nom du Père et du Fils et du Saint-Esprit, tu t'appelleras désormais Jacobus.

Et il entra au Cénacle. Calamus était chrétien.

Quelques jours après Calamus était de retour dans sa patrie.

Cependant, le séjour de Jérusalem était devenu dangereux pour Paul; son génie, sa foi et sa science étaient si grands et si éclatants, l'amour de Jésus-Christ qui dévorait son cœur était si brûlant, sa parole inspirée était si puissante que les Grecs de Jérusalem se liguèrent tous contre lui dans un véritable branle-bas de colère et de haine. Impuissants à lui imposer silence par des arguments, ils résolurent de lui fermer la bouche en le faisant mourir.[1]

____

(1) Actes ix, 30.

Mais Dieu veillait sur l'apôtre, et la Providence ne pouvait permettre que celui qui devait évangéliser la terre, pérît ainsi dans une stérile et obscure embûche.

Pendant que l'illustre apôtre priait dans le Temple, ravi en extase, il fut éclairé d'En-Haut et les projets ténébreux de ses ennemis lui furent révélés par Jésus-Christ qui lui ordonna de sortir de Jérusalem où il courait trop de dangers, pour aller évangéliser les nations lointaines.[1]

Paul docile à l'avertissement du Ciel résolut d'y obéir sans retard et ses frères l'y engagèrent et le conduisirent à Césarée-de-Philippe, l'ancienne Panéade, située auprès de la partie du Liban nommée Hermon, au confluent du Dor et du Dan d'où sort le Jourdain, ville où était allé prêcher le diacre Philippe et d'où avait jailli la foi du centurion Corneille.

Non content de prêcher à Césarée, Paul partit bientôt pour Tarsus, sa patrie, où il revint grand et en science et en sagesse, annonçant partout Jésus-Christ Fils de Dieu.

Peu de fidèles, en Judée, avaient eu le temps de le connaître, et les serviteurs de Jésus-Christ savaient seulement qu'un grand persécuteur avait fait place au plus sublime des athlètes chrétiens.

____

(1) Ep. aux Galates, i, 21.

IV

Cependant, le temps des joies pures de la famille était passé pour les Apôtres.

Les nations appelées à la Foi par le Seigneur lui-même et la grâce du Saint-Esprit, s'étaient levées des ombres de la mort et l'heure de la séparation allait sonner pour ces hommes saints et glorieux à qui la nécessité s'imposait, désormais, d'aller au milieu des gentils, répandre le Nom du Christ et les dons de l'Esprit-Saint, selon la parole même du Maître :

« Allez, évangélisez toutes les nations ! Celui qui croira et sera baptisé sera sauvé, celui qui ne croira pas sera condamné et les péchés seront remis à qui vous le remettrez et retenus à qui vous les retiendrez. »

Ce jour solennel étant arrivé, ils sortirent donc du Cénacle, après avoir annoncé aux fidèles en pleurs que l'heure de la séparation était arrivée.

Ils ceignirent leurs reins, prirent leur manteau et un bâton de voyage et, sortant de Jérusalem, traversèrent le torrent de Kidron, pour se rendre sur la montagne des Oliviers, afin de se séparer à l'endroit même où le Seigneur était monté au Ciel après avoir confirmé leur mission, et où l'empreinte de ses pieds divins se voyait encore sur la roche sacrée.

Arrivés là :

— Mes frères, dit Pierre, nous allons nous séparer pour annoncer la Bonne-Nouvelle aux nations, mais avant de partir avec le Saint-Esprit pour guide et sans savoir si nous nous reverrons jamais, fixons en un symbole les principaux articles de notre foi, afin qu'en quelque lieu du monde que nous portions nos pas et que nous enseignions, notre Evangile soit empreint du même caractère de sainte unité.

« Mes frères : Je crois en Dieu le Père tout-puissant : créateur du ciel et de la terre.

— Et en Jésus-Christ son Fils Unique Notre-Seigneur, dit un autre apôtre.

Et un autre :

— Qui a été conçu du Saint-Esprit.

— Est né de la Vierge Marie.

— A souffert sous Pontius Pilatus, a été crucifié, est mort, a été enseveli.

— Est descendu aux enfers, est ressuscité des morts, est monté au Ciel.

— Est assis à la droite du Père Tout-Puissant.

— D'où il viendra juger les vivants et les morts.

— Je crois au Saint-Esprit.

— A l'universelle assemblée des fidèles.

— A la communion des saints.

— A la rémission des péchés, à la résurrection de la chair, à la vie éternelle ! »

Ayant ainsi successivement déterminé spontanément les différents articles de leur foi, les Apôtres contemplèrent une dernière fois ces horizons superbes si pleins pour eux de grands souvenirs et de mémorables tableaux. La vallée sillonnée par les ondes du torrent tant de fois traversé, la vallée de Josaphat tant de fois parcourue, Béthanie tant de fois visitée, la ville déicide opulente en son manteau de splendeurs et vibrante encore pour eux des scènes si mouvementées de la vie et de la passion de leur Maître, fécondée par leurs travaux, arrosée par leurs sueurs, aimantée par leurs souffrances et le martyre de quelques-uns, car, après Stéphanus, d'autres avaient souffert et Jacques le mineur, premier évêque de Jérusalem, devait bientôt y répandre son sang sous la hache du bourreau.

Terre de triomphes, terre de luttes, terre de bénédictions, de larmes et de sourires, terre bénie et terre maudite, dont le souvenir à jamais resterait jusqu'à la fin, gravé au fer rouge sur la chair de leur cœur!

A cet endroit même où le Christ les avait quittés pour monter au Ciel, emporté par un char de lumière, une dernière fois ils prièrent, ils baisèrent pieusement ce sol consacré que nul d'entre eux, peut-être, n'allait jamais revoir, puis, tombant dans les bras les uns des autres, ils s'embrassèrent tendrement d'un baiser solennel de paix et d'amour, dans la foi ardente du Christ.

Et, descendant les pentes de la montagne ils se séparèrent et partirent chacun de son côté, par des routes différentes.

« C'est ainsi que, tandis que le monde entier, adorait à la face du soleil, mille divinités honteuses, douze pêcheurs dressèrent la profession de foi du genre humain et reconnurent l'unité du Dieu créateur de ces astres à la lumière desquels on n'osait encore proclamer son existence. Si quelque Romain de la cour d'Auguste, passant auprès d'eux, eussent aperçu ces douze Juifs qui composaient cette œuvre sublime, quel mépris n'eut-il pas témoigné pour cette troupe d'hommes superstitieux! Avec quel dédain n'eut-il pas parlé de ces premiers fidèles! Et pourtant ils allaient renverser les temples de ce Romain, détruire la religion de ses pères, changer les lois, la politique, la morale, la raison et jusqu'aux pensées des hommes.[1] »

(1) Chateaubriand. *Itinéraire de Paris à Jérusalem.*

V

LES ROUTES DES NATIONS. — ÉPILOGUE.

Pierre partit pour les provinces afin d'y fonder des églises ; il devait aller à Antioche établir son siège épiscopal, de là à Rome combattre l'idolâtrie jusque dans ses camps les plus retranchés. Le Pont, la Galatie, la Cappadoce, l'Asie, la Bithynie, devaient recevoir sa visite ou ses lettres, et ses disciples rayonner en Occident où Marc composerait son Evangile.

La Séleucie, Salamine, Paphos ; la Pisidie, la Pamphilie, la Lycaonie, la Phrygie, la Galatie, provinces de l'Asie-Mineure ; la Mysie, la Macédoine ; Rome et Thessalonique, l'Achaïe, Athènes, devaient voir le grand Paul en compagnie de l'évangéliste Luc.

Thomas devait porter la foi chez les Parthes et jusqu'aux Indes.

André devait visiter les Scythes et mourir en Grèce.

Philippe était destiné à la Haute-Asie et devait mourir en Phrygie.

Barthélemy devait exercer son zèle dans la Grande-Arménie et une partie de l'Inde.

L'évangéliste Matthieu et Mathias étaient réservés à

l'Ethiopie, Simon à la Mésopotamie et à la Perse, Jude à l'Idumée et à l'Arabie.

Et c'est ainsi que devait s'accomplir la prophétie du psaume :

« Leur voix s'est fait entendre par toute la terre et leur verbe a ébranlé les confins même de l'univers. »

TABLE DES MATIÈRES.

TROISIÈME PARTIE.

LES PIEDS SUBLIMES.

Tournai, typ. Casterman. — 783.

9 782019 977184